JN216910

奈良元林院

謹製

享保元年

七

麻もの

中川政七商店

# 日本の工芸を元気にする！

中川政七商店十三代
中川政七

東洋経済新報社

# はじめに

二〇一六年、中川政七商店は創業三〇〇年となりました。

三〇〇周年に向けたさまざまなプロジェクトが進む中で、松岡正剛《せいごう》さん（編集工学研究所所長）から「歴史は未来に進むためのバックミラーである」という言葉をいただきました。

これまで社是も家訓もなかった会社が、二〇〇七年に「日本の工芸を元気にする！」というビジョンを掲げ、企業再生コンサルティングなど、さまざまな新しい取組みをしてきました。

しかしながら、それらもすべて現時点から見れば、「過去＝歴史」です。三〇〇年を経て次の一〇〇年を思い描く今このときに歴史を振り返ることは、未来を創るために必要なことだと感じ、この本を書くことを決めました。

私が前職である富士通を辞めて家業に「転職」したのが二〇〇二年。そこから怒濤のような一五年を経て現在の中川政七商店がありますが、三〇〇年という永い歴史の中で、この一五年はその二〇分の一にすぎません。

今回、この本を書くにあたり、一五年分のノートや手帳を引っ張り出して、すべて見直しました。わずか一五年ではありますが、最初の頃に思い描いたことが何度も挫折しながらも形を変え、ものになってきたのだと改めて知りました。

また、少し長いスパンで見ると、私が始めた工芸再生という事業も、奈良晒の存続に尽力した十代政七の取組みと重なります。

私は元来、何事にもとらわれず、軽やかでありたいという性分ゆえ、前例や慣行を気にせず事業に取り組んできました。三〇〇年、老舗という重みを感じたことも、正直なところ、ほとんどありませんでした。

しかし今回、一七四九（寛延二）年に中川政七商店の先人が春日大社に奉納した石灯籠が、参道に現存していることを教えていただき、拝見し、改めてその年月を現実のものとして感じました。歴史は未来につながっているのだと。

本書は、中川政七商店のこれまでの三〇〇年とこれからの一〇〇年の話です。しかし、そこには「ファミリービジネス」や「地方の中小企業」のあり方や、「ビジョン」や「ビジネスモデル」といった一般化できる要素が詰まっています。

日本は世界でも類を見ない長寿企業が残る国です。もちろん、現在の長寿企業もすべて最初の一年があったはずです。これから生まれてくる多くの会社も、一〇〇年経てば老舗企業です。企業のミッションの一つは継続することにあります。本書が未来の老舗を生み出す何らかのヒントになれば本懐です。

二〇一七年三月吉日

中川政七商店　十三代　中川政七

日本の工芸を元気にする！　目次

## 第五章 ビジネスモデルが機能し始める

第六章　二〇〇周年を迎え撃つ



第七章　日本の工芸を元気にする！

プロローグ

# まさかの上場取りやめ

その日、私は朝から緊張していた。野村證券に出向いて、居並ぶ関係者の方々にお詫びをしなければならなかったからだ。面談の主旨は、事前に電話でおおよそ話してあったが、直接自分の口で伝える必要があった。

「上場申請を取りやめることにします」

意を決してそう言うと、後は思ったよりも平らな気持ちで、取引所への申請直前というこのタイミングで中止を決めた理由や、これまでの支援や指導には心から感謝していることなどを伝えることができた。

それまで二年以上にわたり、主幹事証券会社である野村證券と、会計監査を行う監査法人トーマツと一緒に、株式公開に向けた準備を進めてきていた。おびただしい数の書類の作成や社内管理体制の整備など、会社としても個人としても初めてのことが多く、両社には文字どおり手取り足取り支援していただいた。

もちろん、相応の報酬は支払うのだが、証券会社も監査法人も、その後の継続的な取引を見込んで支援業務を行うので、上場中止となれば当てが外れることになる。プロジェクトチームを組んで一緒に準備を進めてきたメンバーが落胆するのは目に見えていた。

それでも、このまま流れに任せて上場すれば、必ず後悔することになるというのが私の判断だった。わりと勘が良くて、とことん考え抜いて一度決めたら、後はあれこれ悩んだりしないのは、私の経営者としての長所の一つだと思っている。だから今回も、自分の判断を信じることにしたのだ。

結論から言うと、私の心配は杞憂に終わった。本当のところどう思っていたのか定かではないが、野村證券もトーマツの担当者もひどく落胆している様子はなく、「このタイミングでやめるのは前例がありませんが、ご意思はよくわかりました。今回は残念でしたが、また機会があれば」という、拍子抜けするほどあっさりとした返事が返ってきただけだった。終わったことにこだわるよりも、次の案件にいこうという姿勢が感じられた。

そういうわけで二〇一六年二月、まさかの上場申請中止が正式に決まった。理由を一言で説明すれば、潮目が変わったということになる。

上場しようと考えたのは、日本の工芸業界の一番星として中川政七商店を輝かせたいと考えたからだ。中川政七商店はコンサルティングや、直営店や展示会を通じて商品の流通をサポートすることで、全国の工芸産地で元気な工芸メーカーをつくり、産地の一番星として輝かせる取組みを行っている。そうする以上、私たち自身が日本の工芸業界における一番星になり、みんなの進む道を明るく照らし出さなければならない。株式上場は、そのための最もわかりやすく効果的な手段だった。

ともすればお金にならない、時代にそぐわないビジネスと見られがちな工芸だが、やり方次第で会社を大きくすることも、社会に認められることもできる。投資家は事業に成長性があると思うから株式を買うので、株主一人ひとりの存在が中川政七商店と工芸に対する期待を表している――上場することで私はそれを示したかった。

一方で、上場に伴うデメリットがあることも当初から理解していた。証券取引所の定めるルールを守り、一般株主からも異論が出ないような経営を行おうとすれば、意思決定のスピードが遅くなったり、自由が制約されるのは避けられない。事務負担や管理コストも大幅に増える。しかし、上場をめざした時点では、こうしたデメリットよりもメリットのほうが上回っていたのだ。

ところがその後、当社を取り巻く状況が変わった。優れた戦略で高い収益を上げている企業に贈られる「ポーター賞」の受賞が決まった二〇一五年一〇月頃から、テレビの経済番組やビジネス誌などで中川政七商店や社長である私が取り上げられることが、以前にもまして増えるようになったのである。

それ以前から、工芸やデザインに興味のある人には中川政七商店の名前はだいぶ知っていただけるようになったが、ビジネス寄り、より端的に言えば、男性を中心とした企業人とその予備軍である学生の間における知名度は、依然としてそれほど高くはなかった。そのため、採用で苦労することも多かった。

それが、ポーター賞やビジネス系のメディアへの露出などを機に、伝統工芸をベースにしたSPA（製造小売業）という独自のビジネスモデルが評価されるようになったことで、中川政七商店と工芸そのものに対する注目度が高まり、上場以外の手段で一番星を輝かせる道が見通せるようになった。その結果、ぜひ一緒に仕事がしたいと思える人材を獲得するチャンスも格段に増えた。これが、上場を取りやめた理由の一つである。

もう一つの理由は、上場して公開企業になると、「普通の経営」をせざるをえなくなるのではないかという懸念が、日を追うごとに増していったことだ。私が家業に戻ってからの一五年間の中川政七商店の事業展開は、そのほとんどが私の思いつきから始まったことで、いろんな人の話を聞いたりリサーチしたりはするが、最後は自分で判断する。何を判断基準としているかと聞かれれば、最後はもう「勘」としか答えようがない。

それを証券取引所が求めるような、意思決定の過程を重視するコーポレートガバナンス・コードに則るようにしようとすれば、普通の経営にどうしてもなってしまう。世の中には普通の経営をして立派な業績を上げている企業がたくさんあることは承知しているし、素直に驚嘆するが、今の中川政七商店が「日本の工芸を元気にする！」というビジョンを実現しようとすれば、普通の経営、普通の努力ではとうてい届かない。

優秀な人材を採用できるようになるメリットよりも、普通の経営をせざるをえなくなるデメリットのほうが勝ると、最終的に私は判断した。この選択が正しかったのかどうか、現時点ではまだ結論は出ていない。

しかし、いつかきっと「あれが一つの分かれ道だった」と振り返るときが来るように思う。選んだ道はまっすぐに、私たち中川政七商店が掲げるビジョン「日本の工芸を元気にする！」の実現につながっていると信じている。

## 何のために会社を経営しているのか

二〇〇三年、当時の唯一の自社ブランドである「遊中川」の玉川高島屋ショッピングセンター店がオープンした頃、同じくテナントとして出店していた「天衣無縫」を運営する新藤の藤澤徹社長に、「何のために会社を経営しているのか？」と聞かれたことがある。昼食をとりながら、情報交換をしているときだった。

少し考えてから、正直に「ただ勝ちたいだけなんです」と答えると、藤澤社長は「今どきの人らしいね」と穏やかな表情で笑われた。藤澤社長は日本におけるオーガニックコットンのパイオニアの一人で、年齢でいえば三〇歳近く上の大先輩である。その目はあくまでも優しかったが、もしかしたら内心ではあきれていたかもしれない。経営というゲームを誰よりもうまくやって競争に勝ちたい、それが当時の私の本心だった。

玉川髙島屋ショッピングセンター店は、会社にとって初めてのショッピングセンターへの出店で、その前年には伊勢丹新宿本店に遊中川の常設店舗がオープンしていた。二〇〇二年にそれまで勤めていた富士通を辞めて、父が経営する中川政七商店に入社してから一年半が経ち、手探りで自分なりにやってきたことが、少しずつ手ごたえとして感じられるようになった頃だった。

自社の事業の二つの柱のうち、茶道具全般を扱う第一事業部は、相変わらず社長である父が見ていたが、麻を使った生活雑貨を扱う第二事業部については、すべて自分に任されていた。どうすれば遊中川のブランド価値をもっと上げられるか、考えるのはそればかり。子どもの頃から何かにはまった経験がほとんどない私が、経営に夢中になっていた。

しかしその一方で、「勝ちたい」だけの経営に限界があることも、どこかで感じ始めていた。だからこそ、一〇年以上前の藤澤社長とのやり取りを鮮明に覚えているのだろう。それ以来、「なぜ自分は会社を経営しているのか？」「中川政七商店は何のために存在しているのか？」を自問するようになる。業績好調で組織が大きくなればなるほど、答えが必要なように思われた。

そう考えて改めて周囲を見回してみると、工芸を取り巻く環境は厳しさを増すばかりだった。年の瀬が近くなると「今年いっぱいでやめることにしました」と、廃業の挨拶に訪れる取引先が一社か二社は必ずある。直ちに経営が立ち行かないというほど深刻な状況ではなくても、後継者がいない、子どもに継がせたくないというところも多かった。技術力や実績があっても先が見えない。だから、続けられないというのだ。普通の人の生活から工芸品が消えて市場が縮小した結果、多くの作り手や産地が同じような状況に置かれていた。

工芸においては一社か二社、あるいは一人か二人の作り手の廃業や引退が取り返しのつかない結果を招くことがある。かつて柳宗悦《やなぎむねよし》が「よき古作品を見られよ、合作でないものは何一つないではないか」と述べたように、工芸は分業を基本とする。

たとえば焼き物の場合、原型制作、生地づくり、素焼き、絵付けなどのそれぞれの工程を、型屋、生地屋、窯元に属するさまざまな職人が担当するのが一般的だ。漆器であれば、木を鉋《かんな》やろくろで削る木地師、布張りなどの下地作業を行う下地師、漆を塗る塗師、蒔絵や沈金などをほどこす加飾師などがかかわる。

これらのうちのどれか一つが欠けても、有田焼も波佐見焼も輪島塗も生産することはできないし、それらを扱う私たちの会社も成り立たなくなる。そして、それらとともにある人々の生活も失われてしまう。今、自分の周りで起きていることは、日本の工芸と工芸品とともにある豊かな感性が生み出した日本の暮らしの危機にほかならない。そう気づいたとき、日本の工芸を元気にしたいと心から思った。

もしも今、「何のために会社を経営しているのか」と聞かれたら、迷いなく答えられる。自社ブランドで培ったブランドマネジメントのノウハウと、展示会・大日本市と直営店を中心とする流通力をもって、工芸に携わるメーカーや小売店を支援して日本の工芸と産地に元気を取り戻してもらう。そのために中川政七商店は存在し、私が経営にあたっている、と。

## 工芸大国日本をつくる！

二〇〇七年に「日本の工芸を元気にする！」をビジョンに掲げて以来、多くのことに挑戦してきた。業界特化型のコンサルティングで、波佐見焼のマルヒロや包丁工房タダフサなどの産地再生の先頭を走る産地の一番星をつくり出してきた。

「日本市プロジェクト」では、現地の小規模な工芸メーカーと土産物屋をつないで、工芸の出口としての土産物市場の可能性を広げる取組みをしている。ほんの少し前までは空白地帯だった市場にポツポツと競合が登場しているのも、私たちが流れをつくった証拠だと自負している。

おかげさまで日本の工芸は、だいぶ元気を取り戻した――そう言えれば、どんなにいいだろう。しかし、残念ながら現実は違う。法律で指定された伝統的工芸品だけを見ても、二〇〇三年度に生産額で二〇〇〇億円あった工芸品の市場は、二〇一四年度には一〇〇〇億円にまで落ち込んでいる。一九八三年度には五四〇〇億円だったので、この二〇年で五分の一以下にまで縮小したことになる。私たちの頑張りはこの大きな流れを食い止めるには至っていない。衰退のスピードが速すぎて、力が及ばないのが現状だ。

しかし、好転のきざしがないわけではない。この三、四年で生産額は底を打ち、工芸品産業の従事者も二〇~四〇歳代の世代で微増している。工芸に携わりたいと考える人や、工芸品を求める人が少しずつでも増えていることは、私たちに力を与えてくれる。日本の工芸はまだまだ元気になるし、中川政七商店としてそのためにできること、すべきことはたくさんあるはずだ。

工芸の衰退は日本だけの問題ではない。中世から刃物の町として知られてきたドイツの

# 中川政七商店の歩み

| | |
|---|---|
| 1716年 | 初代中屋喜兵衛、奈良晒を商う |
| 1819年 | 越後屋呉服店（現・三越）との取引が始まる |
| 1898年 | 宮内庁御用達の指定を受ける |
| 1925年 | パリ万国博覧会に出展 |
| 1929年 | 伊勢神宮に御用布を納める（1942年、1953年にも） |
| 1939年 | 合資会社中川政七商店設立 |
| 1979年 | 奈良晒が奈良県の無形文化財に指定される |
| 1983年 | 株式会社中川政七商店設立 |
| 1985年 | 「遊中川 本店」開店 |
| 2001年 | 「遊中川 Tokyo恵比寿店」開店（2005年閉店） |
| 2003年 | 「遊中川 玉川髙島屋SC店」開店、新ブランド「粋更kisara」発表 |
| 2006年 | 「粋更kisara 表参道ヒルズ店」開店（2012年閉店） |
| 2008年 | 十三代中川淳が社長に就任、「花ふきん」がグッドデザイン賞金賞を受賞 |
| 2009年 | コンサルティング業務開始 |
| 2010年 | 新ブランド「中川政七商店」発表、新社屋へ移転 |
| 2011年 | 自社展示会の名称を「大日本市」に改める |
| 2013年 | 「中川政七商店 東京本店」開店、「仲間見世」1号店を太宰府に開店 |
| 2015年 | ポーター賞受賞、東京事務所（支社）開設 |
| 2016年 | 創業300周年、「大日本市博覧会」を全国5都市で開催、伝統企業の国際組織エノキアン協会に加盟、十三代中川政七を襲名、ウェブメディア「さんち」立ち上げ |
| 2017年 | 日本工芸産地協会発足 |

ゾーリンゲンは、最も若い職人でも七〇歳を超える深刻な高齢化に直面していて、産地としての存続そのものが危ぶまれる事態になっている。

若い人が職人にならないのは職業としての将来性が乏しいからで、世界のあちこちで同じように、新興国で大量生産される安価な代替品に需要を奪われるなどして、いくつもの工芸品と産地が消えていっている。コストパフォーマンスや機能性が優先される時代に工芸が生きにくいのは、どこの国でも変わらないのだろう。

しかし、世界のこうした状況は、見方を変えれば日本にとってチャンスでもある。もしも一〇〇年後に三〇〇産地が生き残っていたとしたら、この国は世界でも稀有な存在になりうる。今ならばまだ、消えようとしている技術と文化を未来につなぐ時間がギリギリ残されている。かつてものづくり大国として世界の尊敬を集めたように、工芸大国としてのプレゼンスを築くのは、決して夢物語ではないはずだ。



## 転がる石に苔は生えない

一七一六年に奈良で創業した中川政七商店は、二〇一六年に創業三〇〇周年を迎えた。事業の内容を一口でまとめてしまえば、手績《てう》み手織りの麻織物をつくり続けてきたとなるが、歴史を振り返れば、それぞれの時代の当主が環境に適応し、新しいことに挑戦しながら事業を続けてきたことがわかる。

麻を白くする晒《さらし》の技術が高いことから珍重された奈良晒《ならざらし》は、徳川幕府から御用品指定を受けるなどして、一七世紀後半から一八世紀前半にかけてその全盛期を迎える。初代の中屋喜兵衛が中川政七商店を創業したのは、ちょうどその頃のことだ。

しかしその後、近江や越後といった他産地の技術力が上がってくると、原材料である苧《ちょ》麻《ま》を東北や北関東などの遠方から陸路で調達していた奈良は、価格競争に負けて次第に押されるようになる。

そこに追い打ちをかけたのが時代だった。明治に入ると武士の裃《かみしも》という主用途の一つを失った奈良晒の衰退は、決定的なものとなる。しかし、そんな中でも九代当主である政七は品質を守り続け、風呂上がりの汗取りや産着という新しい需要をつくり出し、宮内庁御用達の栄誉も受けている。

十代・政七は工場生産と歩合給という、当時としては画期的な制度を導入している。麻織りはそれまで農閑期の女性の仕事だったのだが、晒場と織場を建てて、そこで織子を雇って作業にあたらせた。報酬を歩合制としたことで織子同士が出来高を競うようになり、生産性と品質が飛躍的に上がったという。

私の祖父にあたる十一代・巌吉は、高度成長期の日本での製造が難しくなる中、機械化

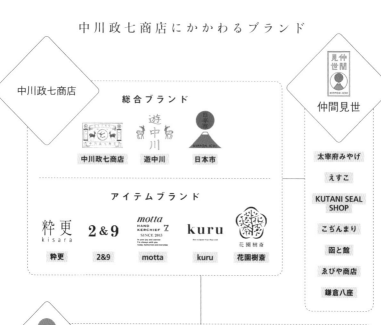

## 中川政七商店にかかわるブランド

中川政七商店

### 総合ブランド

中川政七商店　遊中川　日本市

### アイテムブランド

粋更　2&9　motta　kuru　花園樹斎

仲間見世

太宰府みやげ

えすこ

KUTANI SEAL SHOP

こぢんまり

函と館

ゑびや商店

鎌倉八座

大日本市
パートナー企業
（大日本市メンバー）

### コンサル

HASAMI　BAGWORKS　庖丁工房タダフサ　carpetroom　mino

お椀やうちだ　堀内果実園　大塚呉服店　TO & FRO　薫玉堂　山のくじら舎

### 流通サポートのみ

ITO　aisomo cosomo　KUTANI SEAL　上出長右衛門窯　THE

にじゆら　かもしか道具店　ここかしこ　COURT　Fabrico

するか、それとも生産拠点を海外に移すかという難しい選択を迫られた結果、後者を選択する。韓国、次に中国へと生産拠点を移しながらも、昔ながらの手績み、手織りの製法を守った。

そして、父である十二代・巌雄は、なじみのあった茶巾を足がかりに、茶道具全般を扱う卸売業に事業を拡大する。麻の良さを日常生活で感じてもらおうと、麻生地の雑貨と和小物を扱う遊中川を立ち上げたのも、父の代のことである。

こうして見ると、順風満帆な時代などほとんどないことがわかる。時代の荒波に揉まれながら、それでも何とか商売を続けて、会社を成長させようともがいてきた歴代当主たちの戦いぶりには、本当に頭が下がる思いがする。

そしてバトンは、十三代目の私に渡された。次の一〇〇年をどう生き延びていくのか、四〇〇周年をどのように迎えるのか。考え抜いた末に一つの答えを見つけた。

「日本の工芸を元気にして、工芸大国日本をつくる」

これが中川政七商店、十三代目当主である私が立てた「一〇〇年の計」である。文字どおり一〇〇年仕事だと受け止めているので、自分の代だけで完遂できるかどうかはわからない。それでも十四代、あるいは十五代が約束の地にたどり着くために必要な地ならしは、私の手で何としてでもやらなければならない。

「賢明」な方からは時折、「工芸なんて衰退産業にこだわって負け戦をしないほうがいい」とアドバイスをいただくが、負けるつもりはさらさらない。転がる石に苔は生えないという。自由に発想し、変化を恐れずに進化し続けていけば、道は必ず開けるはずだと信じている。

明治一七年発刊の初年の「大和名勝豪商案内記」に掲載された明治初期の中川政七商店

# 第一章 老舗の跡を継ぐ

## サッカーサークルの起業体験

不真面目な学生だったことは認めなければならないと思う。司法試験の勉強のための二年間の休学を合わせて、計六年間、京都大学に在学したが、授業に出たのは全部で二〇回ぐらいしかない。京大は入ってしまえばユルいことで知られていたが（あくまでも当時の話で、今はどうなのかは知らない）、この話をすると同窓生にもひかれる。

かといって、授業そっちのけで司法試験合格をめざしていたわけでもない。法学部を受験したのは、「潰しがきく」と父親に勧められたからで、得意な数学の配点割合が高いことも理由の一つだった。

高校からの仲のいい友人のお父さんが弁護士だったことから、何となく一緒に司法試験の勉強を始めたが、そんな動機で受かるわけもない。全く歯が立たずに早々にあきらめた。では六年間、何をしていたかと聞かれると、答えに窮する。バイトに燃えていたわけでも、学生起業にチャレンジしたわけでもない。ゲームとマンガをたしなむ、よくいるタイプの学生だったと思う。

そんな私が大学時代に唯一力を入れたのが、サッカーサークルの立ち上げと運営だった。小中高と続けてきたサッカーを大学でも楽しもうとサークルをいくつか見学したが、体育会並みのハードなところか、飲み会メインの軟派なところかの両極端で、ちょうどいい頃合のところがなかった。

練習が厳しいのは構わないが、中高を自由な校風の中で過ごしたせいか、サッカーと関係ないところでの理不尽な上下関係には耐えられそうになかった。だからといって、試合や練習にまで女子を呼ぶチャラチャラした雰囲気も受け入れ難い。そこで仲間を集めて、真面目にサッカーをやり、飲み会とか合コンはきっちり切り分けて楽しむサークルを、自ら立ち上げることにしたのだ。

同じ思いを抱えていた学生は少なくなかったようで、あっという間に人数が増えた。実力もそこそこで、学内ではちょっと知られる存在になる。大所帯をいかにうまく回して、みんなの気持ちを揃えて成績と楽しさを両立させるかを考えるのは楽しかった。今にして思えば、あれがマネジメントの原体験だったのかもしれない。

ちなみに、一時は学内で長い歴史を誇る有名サークルに肩を並べるまでに成長したそのサークルは、私が卒業した何年か後に潰れてしまった。詳しい理由は知らないが、私の何期か後の代表者が、軽いノリで明らかに不向きな人を次の代表に推したのが災いしたとも聞いた。サッカーを真面目に楽しむという、そのサークルならではのポリシーも薄れてしまったのかもしれない。学生時代の思い出が一つ消えてしまったようで寂しかった。しかし、精魂込めて経営している会社が潰れてしまったら、その悲しさはサークルの比ではないだろう。

この話には二つ教訓がある。一つは、好きなことは本気で取り組まなければ楽しめないし、それを続けることもできないということ。もう一つは、後継者選びをゆめゆめ間違ってはいけないということだ。私も中川政七商店の歴代当主をがっかりさせないように、今日も本気で経営に臨まなければならない。

## 脚は折っても、プレゼンは休むな

大学を卒業した私は富士通に入社した。実はソニーか富士通か迷って、富士通にしたといえば、どれほど私が何も理解していなかったかわかっていただけるかもしれない。言うまでもなく、ソニーと富士通は事業内容も企業文化もずいぶん違う。仮に今、銀行と中川政七商店のどちらに就職しようか迷っている学生がいたら、よほどのことがない限り採用しないだろう。

そんな私を入社させてくれた度量の大きい富士通での仕事は楽しかった。サーバーの運用管理サービスの営業を担当して、それまで周りにいなかったいろいろなタイプの上司や先輩、お客さまと一緒に仕事をした経験は、社会人としての自分の基礎となっている。

どんな人とも無駄にぶつかることなく、わりと要領よく仕事をこなすほうだったので、怒られたり落ち込んだりした記憶はほとんどないのだが、一回だけこっぴどく叱られたことがある。先輩と一緒に、重要顧客のプロジェクトで発生したトラブルのお詫びとリカバリープランの提案に行く予定だったのを休んだのだ。

サッカーの試合中に脚にひどいケガをして、医者からは「壊死するおそれがあるから、絶対安静しなさい」と言い渡されていた。迷惑をかけてはいけないと、必死になって資料を完成させて先輩に託すと、後は家のベッドで横になり、ひたすら痛みに耐えていた。何日かしてようやく腫れが引いたので出勤したところ、部長に「おまえの脚の都合なんか関係ない。自分の担当なんだから、何があっても出てくるべきだろう」と大目玉を食らったのだ。

そのときは、なんて理不尽で無茶なことを言う人なんだと驚いたが、今はその気持ちが理解できる。表現は少し不穏当ではあるけれど、自分の仕事に最後まで責任を持て、というごく真っ当なことを部長は言いたかっただけなのだ。

うちの会社には当時の私と同じ二〇代の社員が大勢いる。正直「甘いなぁ」と感じることもあるが、大きな声を出したりきつい言葉で叱ったりするのが私は得意ではない。「おまえの都合なんか」などとはとても口にできないが、もう少し穏やかな言葉と思いやりを持って、必要な場面ではきちんと叱ることも、上に立つ者の仕事だと最近は思う。

# 頭を下げて、中川政七商店に入る

二〇〇二年一月、私は中川政七商店に入社する。富士通のような大きな組織では、どれだけの仕事をしても上に行くには時間がかかることを、入社二年目にして改めて実感したからだ。

自分で事業を動かしている実感があって、やればやるだけ手ごたえが感じられて、成果次第でさらに大きな仕事を任せてもらえる。そんな環境で働きたいと思った。となれば、中小企業しかない。一応、候補になりそうな中小企業をピックアップしてみたが、考えてみれば家業があるのだから、わざわざよそに転職する必要もない。そんな考えで奈良に戻ることを決めた。

私の父、中川巖雄も、大学卒業後にオンワード樫山に勤務し、独立してアパレル会社を立ち上げた後、家業を継いで十二代当主となっていた。

私が家業を継ぐことを、麻生地を使った雑貨と小物を扱う第二事業部を担当していた母は喜んでくれたが、父には「二年足らずで仕事ができた気になっているなら大間違いだ。こっちの業界が先行き明るいわけでもない。やめておけ」と反対された。しかし、すでに富士通は辞めてしまっているので引き返すわけにもいかない。結局、頭を下げて入社させてもらった。

中学に入学したときに「これからは一人前の大人として扱う。好きにやっていいが、責任は自分で持て」と言い渡されて以来、進学も就職も自分で決めてきたし、それに対して親が口を出すということもなかったので、反対されたのは少し意外だった。

実は、言葉とは裏腹に父も喜んでくれていたのだが、それを知るのはもっとずっと後のことだ。もろ手を上げて賛成したら、私の気が変わって逃げられるかもしれないと考えたらしい。確かに自分から言い出す前に「継いでくれ」と言われていたら、もしかしたら拒んでいたかもしれない。父の作戦勝ちというところだろう。

入社するとすぐに、茶道具全般を商う第一事業部に配属された。十一代までは麻生地と、茶巾や袱紗《ふくさ》といった布物の茶道具のみを扱っていたが、父の代になって、せっかく販路があるのだから、と茶碗や茶入などを商うようになっていた。

決まり事の多い世界なので、最初は茶巾屋の茶碗なんてと言われたようだが、カタログ販売をいち早く取り入れる、有名作家に別名義で手頃な価格帯の作品をつくらせるといったアイディアが功を奏して、私が入社した頃には新物（現代に焼かれた物）の分野では全国でも有数の取扱額を誇るようになっていた。

誤解を避けるために説明すると、別名義の作品は何ら後ろめたいものではない。有名作家の茶碗となると、安いものでも数十万円以上はするため、普通の人にはなかなか手が出ない。需要が少なければ作家の仕事量やそれに伴う収入にも限界があるが、だからといって価格を引き下げれば、作家としての格に影響する。別名義での作品は、価値あるものをリーズナブルな価格で求めたい買い手と、立派な名前と経済という現実の間で悩む作家の両方を幸せにする妙案だったのである。

## 売れ筋が常に欠品している謎

当時、会社の売上げの大部分を占めていた第一事業部で私に与えられた仕事は、検品や荷造りといった単純作業だった。といっても、麻にも茶道にも縁のなかった私には初めてのことばかりで新鮮だった。茶碗を入れる桐箱や茶入をしまう袋（仕覆《しふく》という）の紐の結び方などの決まり事もこのとき覚えた。

ただ、なにしろ暇だった。茶道具の商売は閑散期と繁忙期がはっきりしていて、一月、二月はピタリと物が動かなくなる。意欲に燃えて実家に戻った私は、時間とエネルギーを持て余していた。

そこで土曜日だけ、麻小物の第二事業部をのぞいてみることにした。奈良の本店に続き、二〇〇一年には恵比寿に遊中川の東京店をオープンしていたし、婦人雑誌などでもちょこちょこ取り上げられていた。

だから、売上げ規模はそれほどではなくても、それなりに事業としての体をなしていると考えていたのだが、その実態は驚くべきものだった。恥をさらすことになるので一つだけにしておくが、一番驚いたのが生産管理という概念がまるでなかったことだ。

直営店でもコーナーを置く百貨店でも人気のAという商品が、常に品切れしている。その一方で、まるで人気のないBという商品の在庫が、どんどん積み上がる。Aの仕掛品はどれだけあって、いつ、何個完成するのかと聞いても誰も答えられない。在庫がたっぷりあるBは、明日も明後日も納品されるという。「なぜAをつくらず、Bばかりつくるのか」と尋ねた私に返ってきたのは、「BのほうがAよりつくりやすいから」という、思ってもみない理由だった。

遊中川のデザイナーである母と、右腕としてそれを支える田出睦子さん（ちなみに、田出さんは私よりも社歴の長い唯一の現役社員）のセンスはミセス層を中心に人気が高く、一九九〇年代には奈良の店は若い作家やデザイナーを発掘するギャラリーとしても評価を得ていた。輪島塗の赤木明登さん、木工デザイナーの三谷龍二さん、陶芸家の内田鋼一さんといった錚々たる面々の作品もいち早く紹介している。

しかし、というか、それだからというべきなのか、二人ともビジネスにはあまり興味がないようだった。これはやりがいがある。そう考えた私は、父に頼んで第二事業部に移らせてもらうことにした。

中に入ってみると、当たり前のことが当たり前にできていない状態は予想をはるかに上回っていた。いまでも忘れられない出来事がある。製品に使う麻ひもを二〇メートルずつ切るのに、パートの女性たちが五〇センチを四〇回折り返して測っていたのだ。

あまりにも効率が悪いので、私は長い作業台に一〇メートルのメジャーを書いて二回で測れるようにした。我ながら自信作だったのだが、フタを開けてみたら誰も使おうとしない。正確には最初の一、二度は申し訳程度に使ったのだが、すぐに作業台は遠いとか何とか理屈をつけて使わなくなってしまった。

どう考えてもこちらのほうが速いし、間違いも減ると主張する私に、古くからいる社員やパートの女性たちは、「それはそうだけど、今までこうやってきたから……」と口を揃えた。どうしてわかってくれないんだとずいぶん腹を立てた記憶があるが、今ならわかる。そんな一方的なやり方では、なかなか人はついてきてくれない。奈良の小さな会社で働く人たちの目線で考える姿勢が、その頃の私にはまるでなかったのだ。

当時は週休三日ぐらいの気持ちで働いていた。やる気を失ったのではなくその逆で、本を読んだり頭でいろいろ考えて、普通の会社がやっていそうな販売管理や予実（予算実績）管理の仕組みを導入しようとしても現場が動かないので、やることがなかったのだ。頭の中にある理想と現実とのギャップが大きすぎて、フルに働いても空回りするのは目に見えていた。当時を思い出すと、週七日、一日二四時間フルに頭を動かしていないと社員を待たせてしまいそうな今が、どんなに幸せな状況かよくわかる。

## 自分で決めてやりきるのが経営者

それほどセーブしていたにもかかわらず、社員は一人、また一人と辞めていった。表立って私のやり方を批判する人がいなかったのは、そこまでの熱意もなかったということだろう。私も特に強く引き止めはしなかったが、穴埋めの採用には苦労した。ハローワークに求人票を出しても、奮発して求人広告を出しても、これはと思える人材には出会えなかった。「こんな田舎の小さな会社に、おまえが期待するような人間はこない。そういう中でどう戦っていくのかを考えなければダメだ」と父に言われたのを覚えている。

ちょうどその頃、業務委託をしていた外部スタッフとの契約を更新しなかったことがある。和雑貨の商いの経験があり、当時の中川政七商店にとっては大事な戦力の一人だったが、面従腹背の気があり、部内に混乱の種を蒔いていたのだ。能力が高くてもチームの雰囲気を悪くしそうな人にはいてほしくないというのは、昔も今も変わらない私の考えだ。社員ではなかったが、初めて自分からクビを切った形になった。

その人は、もともと父が連れてきた経緯があったので何か言われるかと思ったが、結局一言もなかった。後から人づてに「自分で決めてやりきれるなら、あいつは大丈夫だ」と言っていたと聞いた。正しいかどうかは別にして、経営者なのだから最後は自分の思ったとおりにすればいい。決められないのと、決めたのにやりきれないのが一番ダメだと言っていたそうだ。直接言わないのが父らしいが、自分を信じてくれている思いだけはしっかり受け取った。

あれから一五年近くが経った。今では新卒説明会を開けば、キラキラと目を輝かせた優秀な学生さんたちが大勢集まってくれるし、中途採用にも素晴らしいキャリアを持つ方々が応募してくれるようになった。まだ決して満足しているわけではないし、もっと力のある人やもっともっと思いの強い人と一緒に働きたいと常に考えている。

しかし、当時のことを考えれば、隔世の感があるのは確かだ。共感を呼ぶビジョンや実績に裏打ちされたブランド力があれば、地方にあっても大企業でなくても人は集まる。そういう会社になりたいと願ってブランドづくりに取り組んできた成果の表れの一つといってよいだろう。

## 営業嫌いは克服しない

麻生地を使った雑貨を扱う第二事業部を任されて、わからないながらもがむしゃらに業務の効率化と高度化（正しくは「普通化」なのだが）を進めた結果、売上げと利益が決定的に足りないという本質的な問題が浮かび上がってきた。ここを改善しない限り、会社の将来が開けないことは明らかだった。

販路を開拓しようとあれこれと模索した。あるとき、懐紙や銀製の楊枝を和菓子屋さんで売ってもらうことを思いつく。一軒一軒回るわけにもいかないし、つてもないし、どうしようと考えあぐねていたとき、新聞で菓子の専門誌の広告を見つけた。そういう雑誌があることも知らなかったので、早速手に入れて目を通してみたところ、読者である菓子店主などを対象としたセミナーがあることがわかった。

主催者に電話でお願いしたら、講義の後に少しだけなら話す時間をくれるという。早速、和菓子と一緒に売れそうな商品や販促資料を詰め込んだトランクを引いて、会場の雑居ビルまで出かけた。張りきってプレゼンしたところ、珍しかったのか、セミナーに参加したいくつかの和菓子店が商品を置いてくれた。しかし、肝心の売上げにはほとんどつながらなかった。

各地で開催されるギフトショーに積極的に出展したのもこの頃だ。とりあえず中川政七商店を知らない人に存在を知ってもらうきっかけにはなるので、販路なし、営業力なし、知名度なし、のないないづくしの当時としては、セオリーどおりの打ち手といえるだろう。事実、新規開拓には効果があった。

ただし、実際に取引を開始するにあたって一度は先方の店や会社を訪問しなければならず、遠方だと丸一日潰れてしまうことも珍しくない。それでいくら売上げが立つかといえば、年間五〇万円にも満たないところがほとんどで、効率が悪いことこのうえない。

しかも、こうした卸売りには積み重ねが効かないという致命的な欠陥があった。卸の場合、既存の取引先の売上げが前年割れすることは往々にして起こる。商品がいけないのか、売り方に問題があるのか、とあれこれ考えて店や問屋に提案しても、顧客との直接の接点がないので最終的なコントロールは効かないし、問題も解決しない。

新規開拓で何とか売上げを上積みしても、既存の減少分をカバーするのがやっとで、穴の開いたバケツでせっせと水を汲んでいるのと変わらなかった。卸だけではこれ以上の大きな飛躍は望めない。そこで新たな可能性として、小売事業にも乗り出すことを決めた。

当時のことを振り返ると、自らの営業センスのなさにびっくりさせられる。苦手だし、そう思ってやっているから、当然ながら結果も出ない。でも私は、苦手なことはしなくていいと考えるほうだ。努力して平均点に追いつくよりも、得意なことで突き抜けたほうが楽しいし、よほど効率が良い。

若いうちは苦手なことでも何でもやるべきだと思うが、それも三〇歳ぐらいまでではないだろうか。人それぞれ向き不向きがある。だから、若い社員の特性を見て、どうすればもっと伸びるか、活躍できるかを考えて、人事考課や異動などを通してそちらに導くのは経営者の大事な仕事の一つだと考えている。

嫌なことから逃げるのを勧めているわけではない。苦手なことをやらずにすむ状況を自分の手でつくるのである。もしも営業が苦手なら、頭を下げて買ってもらったり、説得して取引してもらったりするのではなく、相手の側から選んでもらえるようにする。「中小メーカーこそもの売りを脱却して、ブランドづくりにシフトしなければならない」と一貫して言い続けてきたのも、こうした考えからだ。

交渉力に乏しい小さなメーカーが「取引してもらっている」と、小売りや問屋から無理な要求をされがちだし、それを断れば取引そのものを打ち切られかねない。そもそも少ない人員でやっているので、十分な営業力を確保することも不可能だ。だからといって、大企業のように広告宣伝費をかけるわけにもいかない。そのため、ブランディングによって商品や会社そのものに「下駄」を履かせて、顧客や取引先から選ばれる存在になる必要がある。

第一、無意味な営業は何の付加価値も生まないばかりか、コスト増にもつながる。だから自分の代になってからは、業界の慣習に則ってやっていた週一度の百貨店まわりもすっぱりとやめた。顔を出して挨拶すれば百貨店の担当者の心証は少しは良くなるかもしれないが、それで売上げが伸びるわけでも、良い商品やサービスが生まれるわけでもない。むしろコスト増は、最終的には価格に跳ね返って消費者の負担となる。最初はずいぶん評判が悪かったが、あそこはそういうところだと思ってもらえるようになったようで、今では社員にも用があるときだけ行くように徹底させている。

## 倒れるときは、自分の責任で倒れたい

卸から小売りへという判断の裏には、もう一つ別の私なりの思いがある。それは、倒れるときは自分の責任で倒れたいというものだ。問屋にせよ小売店にせよ、特定の取引先に対する依存度が高いと、そちらに何かあればすぐに影響が自社に及ぶ。最悪の場合、連鎖倒産ということにもなりかねない。自分の失敗で倒れるのは仕方がないが、取引先の経営不振のあおりを受けて倒れるようなことになれば、後悔してもしきれない。

どうも子どもの頃から同じようなことを考えていたようで、中学生のときに母に「選択を間違うのは仕方ないけれど、そもそも選択肢を知らないというのは嫌だ」と言ったこと

があるらしい。

自分でもとうに忘れていたこのエピソードを母が話してくれたのは、直営店を増やそうと考えていると伝えたときだった。言っても聞かないとあきらめていたのか、信頼してくれていたのかわからないが、雑貨事業を立ち上げて育ててきた母は「あ、そう」とだけ言って、好きにさせてくれた。

私が入社する前年の二〇〇一年、東京・恵比寿に直営店がオープンしていたが、ショールーム的な要素が強く、奈良の店も含めて本気で小売りをやっていく覚悟があったわけではなかった。メーカーがアンテナショップの域を出て、本格的に小売事業を行っていくのは簡単なことではない。

家賃を払い、販売スタッフを雇って、店頭で在庫を持つという最低限のことだけでも負担は重い。ましてや小売りに対応した販売、在庫、顧客管理のシステムを構築するとなるとコストがかさむので、中小メーカーが一足飛びに実現するのは難しい。今でこそ工芸の分野でSPA業態を確立した先駆者とされる中川政七商店も例外ではなく、製造小売りに対応したシステムが完成するまでには何年もの時間を要することになる。

そうした理由から、小売りへのシフトはリスクが大きすぎる、と社長である父は難色を示した。「小売りなんか儲からん」と言う父に、「今はそうかもしれないけれど、必ず儲かるようになる。それより何よりブランド認知には絶対必要だ」と反論した。

卸では中川政七商店の価値は絶対に伝えきれない。ブランドを構成する要素のうち、商品はせいぜい四割か五割で、残りは店の雰囲気やスタッフの接客などが占める。伝えるべきことを正しく伝え、ブランド力を高めるためには、顧客とのタッチポイントを増やして自らの手でそれを完全にコントロールする必要がある。その最も効果的な方法が直営店の展開なんだと説得した。

まだ日本が今ほど豊かでなく、さまざまなモノの品質や機能にバラつきがあった時代は、商品そのものの価値が消費者にとって大きな意味を持ったが、現代では品質や機能はそれほど大きな差別化要素とはならない。似たような品質、機能、価格でも、売れるモノと売れないモノがある。ではその差がどこから生まれてくるのかといえば、「共感」だろう。

私自身はソニーが好きで、さんざん機能や価格を比べた結果、他に高スペックで割安な他社製品があってもソニーのものばかり選んでいた時期がある。それはソニーという会社に共感を持っていたからで、私の頭の中でソニー製品は最初から「下駄を履いている」状態にあった。別の言葉で表せばブランド価値が高かったということになる。

ソニーの場合は、ＣＭや製品そのものから伝わる革新性、優れた技術、高いデザイン力などがブランド価値をもたらしていたわけだが、中小企業は多額の広告宣伝費をかけられないので、製品やサービスに込めた思いどころか、会社の存在そのものを知ってもらう機会がまずない。

しかし、店という消費者と直接コミュニケーションできる場を持てば、私たちが何者なのか、どんな思いでものづくりをして、それを使う人の毎日をどんなふうにしたいと考えているのかをさまざまな手段で伝えられる。その価値観や世界観に共感してくれる人が増えれば増えるほど、中川政七商店のブランド力は高まる。このブランドに対する基本的な考え方は、当時も今も変わらない。

小売り、それも店のデザインから売り場づくり、販売スタッフまでをすべて自分たちの手でコントロールできる直営店の必要性を訴える私に根負けしたのか、父は結局、「好きにしろ」と言って任せてくれた。

ちょうどそんな折、東京・二子玉川にある玉川髙島屋ショッピングセンターと伊勢丹新宿本店から出店のオファーを相次いでいただく。当時の遊中川の、経済的余裕と時間的ゆとりが比較的あるミセス層という主要顧客からして、どちらも願ってもない話である。迷うことなく出店することを決めた。

## 伊勢丹式「お買い場」づくりの洗礼

苦手な営業をせずに、顧客から選んでもらう道を選択した私を待ち受けていたのは、ご多分に漏れず、なかなかに厳しい道だった。玉川店より一足先に二〇〇二年六月にオープンした伊勢丹新宿本店の担当者からは、「二週間ごとに店のフェイスを変えてください」と言われた。

フェイスとはマーチャンダイジング（ＭＤ）の用語で、もともとは文字どおり店舗の顔、すなわち見え方を意味する。商品とディスプレイをこまめに変えて、「お買い場」の鮮度を維持することが伊勢丹さんの要求だった。お客さまから見れば、買い物するのだから売り場ではなくお買い場。顧客視点でのサービスにこだわる伊勢丹さん独自の用語だ。

当時のうちの商品リリースは年二回だったので、二週に一度はいかにも無茶なオーダーだった。「夏は麻でわかりますが、冬は何を売るのですか？」と聞かれて、「冬も麻です」と答えたら、「それではお買い場を任せることはできません」と、先方のバイヤーの目の色が変わった。急遽、麻生地を使った正月飾りをつくるなどして何とかしのいだが、年間を通して売り場を回すことの意味と大変さを初めて知った経験だった。

冬に麻素材のものは売れないので、和雑貨ならば正月飾りなどの季節ものを用意しなければならないことや、複数の商品をユニットで管理して店頭への投入計画を立てる必要があることなど、売り場づくりのイロハのほとんどは、このとき伊勢丹さんに教えていただいたようなものだ。厳しい先生だったが、今では本当に感謝している。

ただし、新商品のリリースをそれまでの年二回から三回に変更し、商品数が五倍程度にまで増えた結果、社内の商品企画担当にかかる負荷は一気に重くなった。それでも経験者を新たに採用するなどして何とか乗り越えたのは、今後の中川政七商店にとって商品企画力が生命線になるという思いがあったからである。

外のデザイナーを使おうとは考えなかった。中小メーカーが社外の有名デザイナーを起用して一時的に話題になることはあるが、継続して使う経済的余裕がなければ本当の意味での効果は期待できない。それより何より、自社の商品は自社の商品企画の担当者が誰よりもうまくつくれるのが当たり前で、遊中川らしさ、中川政七商店らしさを一番深く理解して形にできるのは社内の人間であってしかるべきである。この考えは、今も基本的に変わらない。

もちろん、高い専門知識とスキルを持つ社外デザイナーでなければできない仕事もあるし、外から見るからこそわかることもあるので、すべてを自前でやればよいというわけではない。経営者と社外デザイナー、そして社内の人材がそれぞれの役割を不足なく果たすことで生まれる関係性については、第三章でも詳しく述べることにしたい。

伊勢丹新宿本店の影響は確かに大きかった。それほど大きな売上げが見込めるわけでもないのに、他の百貨店やショッピングセンターからも声がかかるようになったのである。しかし、喜んでばかりもいられない。なかには率直に「売上げはそこそこでも、ＭＤ的に必要なので出てほしい」と言うところもあったからだ。売り場づくりに遊中川が必要だと言われるのは素直に嬉しかったが、数字の裏づけがないということは、いつなんどき店が消えてもおかしくないことを意味する。きっちりと売り上げて実績をつくるしかないと、がむしゃらに取り組んだ。

その一方で、百貨店のインショップという出店形態に対して、徐々に限界を感じるようにもなる。たとえば伊勢丹店の場合、フロアマップのどこにも「遊中川」の文字はなく、売り場自体も広いフロアの中の一角を簡単に区切ったものだった。これでは、ブランドの世界観を打ち出そうに制約が多すぎる。

エンドユーザーにブランド力で選んでもらえるようになるには、商品や販売スタッフだけでなく、店舗デザインやディスプレイ、顧客とのコミュニケーションなど、あらゆるところに自分たちのコントロールが行き届く直営店が望ましい。次第にそんな思いが強くなっていった。

## 新ブランド「粋更」の誕生

中川政七商店に戻った当時、私にはマネジメントの経験も知識もなかった。麻生地の雑貨を扱う第二事業部に配属されて、事業をやっていくうえで当たり前のことが当たり前にできていない現状を知り、何とかしなければならないと思ったが、具体的に何から手をつければよいのかわからなかった。事業戦略やマーケティングや生産管理などは言葉としては知っていたが、MBAで学んだわけではないし、ましてや実践した経験など皆無。そこでまず、参考になりそうな本を手当たり次第に読むことにした。

そんな中の一冊に、日産自動車の「Be-1」などのヒット商品を生み出したことで知られるコンセプターの坂井直樹さんが書いた『エモーショナル・プログラム　バイブル』（英治出版）がある。

手に取ったのは、新ブランドの立ち上げの参考になると考えたからだ。二〇〇一年に従来の遊中川よりもシンプルなテイストの「色たち」ラインを投入したが、新規顧客の開拓や売上げ増にはほとんどつながっていなかった。単一ブランドではこれ以上の売上げ拡大が見込めないことは明らかだった。

ブランド戦略についてはあまりにも知らないことが多すぎて、坂井さんが同書で書いたことを全部消化できたわけではなかったが、ブランドとは何か、デザインとは何かを考えるきっかけとなったし、頭の中にあるもやっとした新しいブランドや商品の形が整理できた気がした。

この本に書かれているエモーショナルプログラムを私なりに簡単にまとめると、各市場における商品やブランドのポジションを「価値観」と「感性年齢」の二次元からなるエモーショナルマトリクスで表現する手法となる。本を読んだ私は早速、遊中川と、競合ではないにしても近いところに位置するブランドをマッピングしてみた。その結果、遊中川の主要顧客よりも若い層をターゲットにしたモダンなところにチャンスがあることが浮かび上がってきた。

当時の遊中川は『家庭画報』や『婦人画報』を読むようなミセスがメインターゲットで、私自身が欲しいものともズレがある。では、他にそういうものをつくっているメーカーがあるかといえば見当たらない。カッシーナやアルフレックスといった高級インテリアショップに行っても、クッションやベッドリネンなどの布物《ぬのもの》は海外のものばかりで、日本のメーカーがつくったものはほとんどなかった。

中川政七商店の織物技術を生かしてカッシーナに置いてもらえるようなものをつくれば、新しい顧客層を掘り起こせる。「日本の伝統工芸や伝統的な素材をベースに、現代の生活に無理なく入っていける機能とデザイン」という開発すべき商品のイメージはあったので、後はそれを形にすればいい。当時の私はそんなふうに思っていた。

その甘い考えを裏づけるように、二〇〇三年八月に書いた中期経営計画書（中計）には、新ブランドを同年一一月の日本最大規模のインテリア関連の展示会の一つである、ジャパンテックスでお披露目する、とある。中計を書いた時点で多少の準備は始まっていたが、準備にかけた期間は、それでも都合四カ月程度だったはずだ。当時の組織能力と私自身の経験値を考えれば、なかなかの突貫工事であった。

ブランド名は、社内公募で「粋更《きさら》」に決まった。更に粋なライフスタイルを提案するという思いを込めた名前で、響きがいいのも気に入った。商品のデザインは遊中川で実績のあった田出さんが担当したが、ブランドコンセプトも定まらず（そういう言葉を使ったかどうか定かではないが）、田出さんに私が伝えたのは、「シュッとした日本のもの」という茫々たるものだったことからも、四カ月という準備期間がいかに無謀だったか知ることができる。

（2003年）

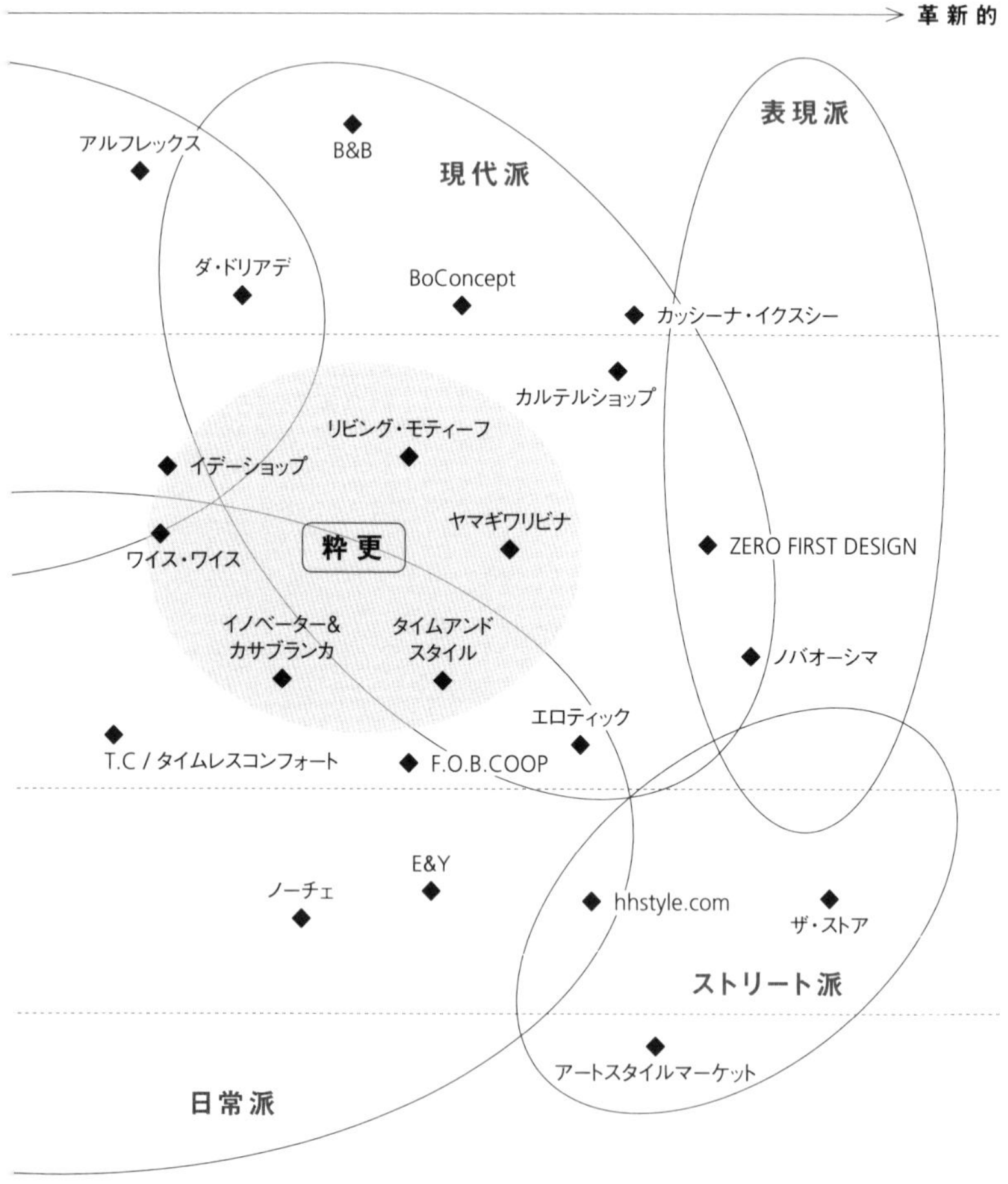


（注）ブランド名は当時のもの。
（出所）坂井直樹・WATER STUDIO&EP-engine
『エモーショナル・プログラム バイブル』英治出版、96ページをもとに著者加筆。

## インテリアショップのエモーショナル・マトリクス

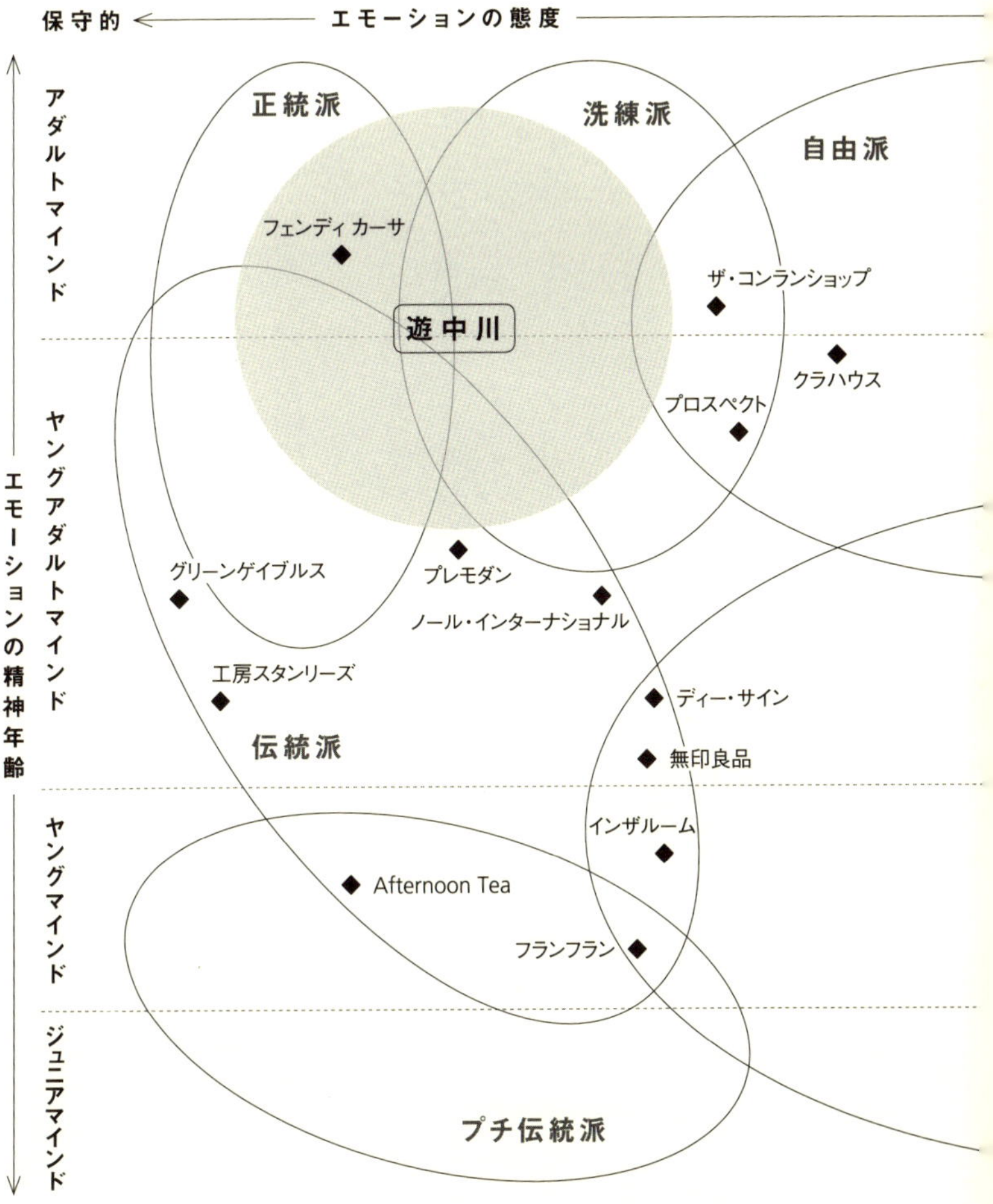

# 大事なことは朝のスタバで教わった

それでも何とか間に合わせて一一月のジャパンテックスに出展することができたのは、知らない者の強みだったのかもしれない。しかし、期待に胸を膨らませてブースを訪れる来場者を待ったものの、当然というか何というか、粋更への反響は私が期待したほど大きなものではなかった。

しかし、周辺では不思議な現象が起きていた。来場者ではなく、出展しているメーカーの関係者が粋更のブースを遠巻きにして眺めるという光景が連日目撃されたのである。後でわかったことだったが、キーマンはメゾン・エ・オブジェという、毎年フランスで開催される欧州最大のインテリアとデザインの見本市のトップを長年務めていたエティエンヌ・コシュさんだった。

関係者との会話の中で、すべてのブースの中で粋更が一番印象に残ったと言ってくださったのだ。粋更が事業として軌道に乗るにはそれから一年以上の時間を要したが、目利きとして世界でも知られた存在であるコシュさんに評価していただいたことは、苦しい間もずっと私自身の心の支えとなった。

粋更の立ち上げの頃の影の恩人として忘れてはならない人がもう一人いる。アシックスでマーケティングを担当された後、独立してコンサルタントとなった岡本充智《みちとし》さんである。

岡本さんには社内研修の講師をお願いした縁で、折に触れてマーケティングや商品開発などについて相談に乗ってもらっていた。粋更の立ち上げが決まり、前職で新ブランドを立ち上げた経験もある岡本さんにいろいろ教えてほしいと頼むと、朝の出勤前なら時間がとれると、快く応じてくださった。

近鉄・奈良学園前駅にあるスターバックスが教室となった。この話がどこからか父に伝わり、きちんと謝礼をお支払いしろと言われた。好意で朝の時間を割いていただいているのにお金の話をするのには違和感を覚えたが、コンサルタントという岡本さんの職業を考えれば父の言い分もわからなくはない。そこで岡本さんに申し出ると、「もしも恩に感じてくれるのなら、次の世代に同じようにしてあげてほしい」と言われて固辞された。

ちなみに、中計を書くことを勧めてくれたのも岡本さんである。この本を書くために改めて当時のものを見返したが、初期の頃のものは中計と呼ぶのもはばかられるような簡単なものだ。それでも年に一回現状を整理して、目標実現のための具体的な行動計画を書くことは、私が経営者になるうえでとても役立った。コンサルティング先の経営者に書くように言うのも、自分が実感した効果を、岡本さんの教えにならって若い人に伝えたいと考えているからだ。

一昨年、岡本さんの息子さんに会う機会があった。スタバで課外授業を受けていた頃の私よりも三つ四つ若いだろうか。フェイスブックを通じて連絡があり、今は会社員をしているが、将来は政治の道で地元・奈良に貢献したいので、いろいろ話を聞かせてほしいという。政治のことはわからないが、食事をしながら、経営を通じて学んできたことや、四〇歳になって考えるようになったことなどを惜しみなく話したつもりだ。

これで昔の恩が返せたとは思わないが、知識や経験を次世代に、という岡本さんの教えは今もずっと胸の中にある。

## 展示会は何のためにあるのか?

ジャパンテックスでのデビューはパッとしなかったが、コシュさんをはじめとする感度の高い人に評価してもらったことに背中を押されて、こんな店に粋更の商品を置いてもらいたいと思うインテリアショップや、アパレルに加えて食と住にまつわるさまざまな商品を置くライフスタイルショップなどを回ったが、全く相手にされなかった。なんと初年度の売上げは六〇万円そこそこ。どれほど深刻な状況だったかわかっていただけるだろう。

新ブランドなので実績がないのはともかく、「イメージがつかめない」とよく言われた。もちろん商品やカタログは持参しているし、説明もするのだが、それだけでは売り場に並べたときに店がどんな印象になるか、どんなふうに売れていくかがわからない。現に売っている店があれば一目瞭然だが、それがない場合はブランドコンセプトを言葉や写真、その他の表現を使って説明して理解してもらう必要がある。

ところが当時の粋更の場合、その肝心のブランドコンセプトが固まっていなかった。遊中川とは違うポジショニングというのはこちらの事情で、売る側には関係のない話である。一応それらしい文章にしてみたが、結局のところ私自身、粋更がめざすブランドとしての姿や顧客に提供する価値を明確にできていないのだから、説得力があるはずもない。これは一から立て直すしかないと、覚悟を決めた。

そんなとき出会ったのが、建築設計やインテリアデザインを手がけるシナト（sinato）だった。遊中川の新店舗のインテリアデザインをお願いしたのがきっかけだが、初めて社外のデザイナーと仕事をした私にとっては何もかもが新鮮だった。提案される什器や家具には、いちいち何らかの理屈づけがなされていて、遊中川というブランドを物語っていた。

粋更に必要なのは、こういうことだった。そこからシナトとの共同作業が始まった。粋更とは何か、粋更が顧客に提供するのはどのような価値かというコンセプトワークに始まり、雑誌や写真集、さまざまな物の中からそのブランドらしいものとそうでないものを選り分けるイメージコラージュまで、シナトに道案内してもらいながら一から行った。

その結果、浮かび上がってきたのが「新しい日本のカタチ」というキーワードだった。

日本の伝統的な素材や技術を、現代の生活に添う新しい形にして提案する。それは既存ブランドの遊中川はもちろん、他社のどのブランドとも重ならない粋更ならではの価値を表していた。これでブランドコンセプトは固まった。

次は粋更の存在を一人でも多くの人に知ってもらうことだ。そこでもう一度別の展示会にチャレンジしてきっかけをつくると同時に、次の展開として直営店をオープンさせることを決めた。

まずは展示会である。ジャパンテックスでの結果を踏まえて、ブランドイメージが伝わりやすい展示会を厳選することにした。憧れたのは、二〇〇四年に東京・目黒のホテル・クラスカ（ＣＬＡＳＫＡ）で見た立川裕大さんが手がけたボンド（ＢＯＮＤ）のようなおしゃれな展示会だった。

当時、業界や分野の枠を取り払い、主催者が独自に編集する展示会が少しずつ開催されるようになっていた。質の高い特色ある出展者が目的意識を持った来場者と交流するそうした会は、単なる「展示」の場を越えて具体的な商談の場、見本市の場になっていた。粋更の商品を見て、触って、買ってもらうためには、ブランドイメージ向上や業界内の交流を主な目的とする大型展示会よりも、こうした見本市のほうが望ましいのは明らかだった。

しかし、そうしたおしゃれな展示会は当然ながら出展者の選別が厳しいので、実績のない粋更にはなかなか声がかからない。そこで思いきって東京デザイナーズウィーク

（TDW）のコンテナ展に出ることを決めた。出展料はブースの設営も含めて五〇〇万円以上と、当時の粋更にとっては決心のいる投資だったが、錚々たる顔ぶれが出展することに加えて、従来よりも商業ベースのものになるという事務局の説明にひかれた。

しかし、結果は散々だった。事前の話とは違って商品を置いているコンテナは少なく、ましてや値段を表示しているところなどほとんどない。この予想外の展開に追い打ちをかけたのが、季節外れの台風の襲来である。来場者はまばらで、六日間の予定だったのが会期途中で中止となってしまった。だからといって、出展料が一部返ってくるわけでもない。弱り目にたたり目とは、まさにこのことだろう。

単なる展示会ではなく、本物のトレードショーに出展して飛躍のきっかけをつかみたいという思いと、機会がないという現実の間で頭を悩ませた。今でもきっと、事業拡大を狙う中小メーカーの前には同じ壁が立ちはだかっているはずだ。こうした問題意識がその後、私たちが主催し、日本各地の工芸メーカーが集う合同展示会「大日本市」につながることとなった。

## どうすれば店を出せるのか、わからない

ジャパンテックスに続いて空振りに終わったTDWだったが、大きな出会いがあった。粋更の店舗の内装などの設計施工を行うディスプレイ会社大手・船場の加藤麻希さんが、粋更のコンテナを見て、後日連絡をくれたのである。

商業ビルやショッピングセンターの内装工事を請け負うディスプレイ会社は、一般に公表されるよりかなり前からオープンやリニューアルの情報を得ている。一方で、テナントとなる企業とのつながりも当然あるため、両者をつなぐマッチング機能を有している。なかでも船場は、専門の部隊を持って出店サポートを積極的に行っていて、加藤さんはその担当だった。

展示会の次は、粋更のブランディングの拠点となる直営店を出したいと考えていた。展示会や営業でいくら説明したり商品サンプルを見てもらったりしても、ブランドの価値と世界観を十分に伝えることは難しい。それに対して店には、顧客とのタッチポイントがたくさんある。粋更というブランドが何をカタチにしようとしているのか、その商品がなぜそこにあり、誰がどうやってつくっているのかを、店舗のデザイン、什器、ディスプレイ、販売スタッフの接客などを通じて雄弁に語りかけることができる。そのことを私は、遊中

川のいくつかのショップですでに学んでいた。

しかし、当時の私はどうすれば店を出せるのか、よくわかっていなかった。遊中川の玉川髙島屋ショッピングセンター店も伊勢丹新宿本店も、幸運なことに先方からオファーをいただいてそれを受けただけだったので、新しく店を出そうとする場合、自分からどこに、どう働きかければよいのかわからなかった。

商業施設建設の計画も新聞で初めて知るぐらいで、後手に回ることが多かった。新規オープンでも公募がかかることはほとんどないし、リニューアルや既存店の退店に伴う募集となれば、水面下で話が決まってしまう。こういうことも、当時はほとんど理解していなかった。

そんな私に店舗開発の基本を教えてくれたのが船場の加藤さんだった。どういう場所に、どんな店を出そうと考えているかを彼女のような人に伝えておくと、早い段階でショッピングセンターのデベロッパーや百貨店にこちらの情報をインプットしてくれる。デベロッパーや百貨店にしてみれば、客観的な目で第三者のプロが提供する情報は信用度が高いので、出店交渉ではテナント側が有利に話を進めやすい。こうしたことも、加藤さんから学んだことだ。おかげで遊中川も粋更も、出店立地を間違うことはなかった。これは私たちの会社がここまで成長できた大きな要因の一つだと思う。

ただし、出店攻勢が現実のものとなるのは、もうしばらく先のことである。デビューから一年経っても粋更をめぐる厳しい状況に何ら変わりはなく、撤退という選択肢も視野に入り始めていた。

## 表参道ヒルズ出店が決まった！

そんな状況を一変させたのは、二〇〇四年の年の瀬も押し迫ったある日の一本の電話だった。かかってきたのではない、私からかけたのだ。相手は森ビルの表参道ヒルズのテナント募集の担当者である。

森ビルが表参道の同潤会アパート跡地に商業施設を建設することを知り、その年の夏にテナント募集に応募していた。競争率が高いことは初めからわかっていたので、シナトの力を借りて、まずは書類選考をパスすることに的を絞った。実績のない粋更が生き残るには、目に留まらなければ始まらない。そこで選んだのが、桐箱の紐をほどくと中から蛇腹に折った提案書が表れるという、茶道具から着想を得た演出だった。

そのおかげかどうか定かではないが、書類選考は無事に通った。次はプレゼンだ。一回目は森ビル本社で、二回目は遊中川の恵比寿店に足を運んでもらって、粋更がめざす「新しい日本のカタチ」とはどのようなものなのかを訴えた。

日本全国にあるさまざまな素材や技術を集めて、一つのブランドとして提示する。もちろん単なる寄せ集めではなく、一つの価値観の下に意思を持って選んで編集する。私がイメージしていたのは茶道における千家十職《せんけじっしょく》だった。表千家、裏千家、武者小路千家の三千家好みの茶道具を制作する十の職家には、袋師の土田家、釜師の大西家などがある。職家は千利休の時代から茶の美を形にすることで千家とともに歩み、茶の湯を支えてきた。その現代ライフスタイル版を中川政七商店が主導して、今の生活に合う新しい形にして提案する。それが粋更のめざすところだった。

実はこのコンセプトは、今、私たちが開催している「大日本市」でやっていることと基本的には変わらない。焼き物ならマルヒロ、ニットならm・i・n・o、ドライフルーツなら堀内果実園、そして麻なら中川政七商店といった日本各地の工芸メーカーが、大日本市の名のもとに一堂に会する構図だ。

しかし、その頃は力不足で、これはという工芸メーカーに声をかけても相手にしてもらえなかった。それが粋更を軌道に乗せ、その後コンサルティングでも結果を出すことで、ようやく形になったのが大日本市である。

このように、その時点ではできないこともあきらめず、忘れず、だからといってそればかりに拘泥するのでもなく、その時々にすべきことやって着実に前進し続けていると、いつか叶う日が来る。こういう粘り強さが経営には必要なのだと思う。

森ビルに対する粋更のプレゼンに話を戻そう。商品もたいして揃っていない状況だったが、プレゼンでは中川政七商店にはものづくりのネットワークというしっかりとした裏づけがあることもアピールした。

手ごたえはあった、ように感じた。それなのに一カ月経っても、二カ月経っても返事がない。落ちたなら落ちたでいいが、いい加減はっきりしてほしい。しびれを切らして森ビルに問い合わせたのが、先ほどの電話だった。

すると担当者からは、「あっ、決まりました」となんとも拍子抜けする返事が返ってきた。本音を言えば、もう少し達成感のある演出で出店が決まったことを知りたかったが、贅沢は言っていられない。起死回生の一打で粋更の継続が決まった。

シナトに連絡すると、私以上に喜んでくれた。後で伝え聞いたところによると、倍率は八倍以上に達していたそうで、彼らの力がなければ狭き門を突破できなかったはずだし、もしかしたら粋更というブランドそのものが続いていなかったかもしれない。ここぞという局面で良きパートナーにめぐり逢う、もっと言えば引き寄せられるのは、経営者としての私の強みの一つだと自負している。

しかし、手放しで喜んでいられたのはその一日だけだった。翌日からはすぐに、あんなに家賃の高い一等地でどうやって利益を出していけばいいのか、店舗デザインはどうするのか、商品開発は間に合うのかなどなど、プレッシャーと決めなければならないことの多さに押しつぶされそうになった。

初出店を機にブランドコンセプトも見直して、「日本の贈りもの」とした。そこには、「贈りものといえば粋更」と言ってもらえるようなブランドにしたいという願いと、日本に古くから伝わる良いものを次の世代にも贈っていきたいという思いの二つのメッセージを込めた。

それからオープンまでの一年強は、文字どおり怒濤の日々だった。二〇〇六年二月一一日、粋更のフラッグショップが表参道ヒルズに開店した日のことは今でも忘れられない。

そして、すぐに私は、小売りをやることがブランドをつくるうえでいかに有効かを再確認することになる。低空飛行を続けていたのが嘘のように、表参道の店がオープンしたとたんに粋更がブレークしたのだ。

第二事業部の旧事務所。
商品在庫も事務所内に置かれていた

# 第二章 家業を会社にする

## 会社の仕組みができてきた

二〇〇六年二月、粋更の初めての店が表参道ヒルズにオープンすると、それまでの不調が嘘だったかのように出店や取引のオファーが舞い込むようになる。翌年、東京・六本木にオープンしたミッドタウンにテナントとして入ったインテリア・雑貨ショップからは、五社ほど私たちの商品を仕入れたいという申し出をいただいた。

そもそもミッドタウンのオープン時のコンセプトは、「ジャパン・バリュー（新しい日本の価値）」というもので、粋更と相性が良いのは最初からわかっていた。出店の話もあったが、表参道ヒルズが先に決まっていたので、そんなに家賃の高いところにいっぺんに二店も出せない、とミッドタウンのほうは見送った経緯がある。

当時は、新しくオープンする商業施設などに和のエッセンスを取り入れることが流行ったが、そこに置いて実際に売れる商品となると、選択肢は限られていた。私たちに引き合いが集中したのはそのせいだろう。言うまでもなく、売れない商品のために店は出せない。表参道ヒルズにショップがあるということ自体が、粋更が持つ力の証明になった。

評価されたのは商品だけではない。ショップコンセプトの立案とショップカードやショップバッグなどのグラフィック関連の備品やロゴは、折形デザイン研究所を主催する

二〇〇六年二月にオープンした
「粋更kisara 表参道ヒルズ店」

デザイナーの山口信博さんと相談してつくり上げた。山口さんに紹介していただいた小泉誠さんが手がけた店舗デザイン、販売スタッフの接客……。そうしたものがすべて相まって、粋更がどういうブランドなのかを雄弁に物語っていた。

以前に営業に行って相手にしてもらえなかった一流インテリアショップや有名セレクトショップから、粋更の商品を仕入れたいと声がかかることも増えた。そうした店に私たちの商品が実際に並んだときの感激は、今でも忘れられない。初めて自分がゼロから立ち上げたブランドが、世の中に認められたことが素直に嬉しかった。

粋更では初めて仕入れにも挑戦した。「日

本の贈りもの」というコンセプトにふさわしい他のメーカーの商品を仕入れて並べるという、店をやっていくうえでは当たり前のことも、それまでずっとメーカーとしてやってきた私たちにとっては初めての経験だった。

社内に経験のある人間はいない。表参道ヒルズ店の店長を務め、後に粋更のブランドマネージャーになる石田香代さんがリードして、仕入先の開拓から発注業務まで、試行錯誤を重ねながら仕入れの仕組みをつくり上げていった。自社商品、他のメーカーと共同で開発した商品、そして仕入れ商品が並ぶ今の遊中川や中川政七商店の店の原型が、このときできたと言ってよいだろう。

粋更の飛躍を裏で支えたのが、商品管理や入出荷、財務会計、業務システムといった会社の仕組みである。と言っても、決して飛び抜けて高度なものではなく、企業としてはごく当たり前のレベルなのだが、中小企業ではこれがなかなか難しい。

まず財務会計だが、私が入社した時点では部門別の損益さえ正確には把握できていなかった。雑貨の第二事業部を黒字化するように社長である父に言われたものの、販売管理費を部門別に計上していなかったので、本当のところ、いくら赤字なのかもわからなかった。入社後すぐに会計ソフトを入れて部門別管理を試みたが、販管費をどちらの事業部に割り当てるかという仕分けの具合がおかしかったり、同じ費用でも時によって科目がブレていたり、月次で締めた後から自動引落しの経費がポロポロと出てきたりで、財務会計以前に経理の仕組みがざっくりとしすぎていた。結局、部門別の損益がわかるまでには二年以上の時間を要することになり、その頃には第二事業部も黒字化していた。

## 業務効率と競争力の関係

商品管理や入出荷も、ある段階まではとても牧歌的なものだった。本社のおよそ半分が倉庫のスペースで、出荷の作業もそこで行われていた。忙しいときはアルバイトを雇ってもまだ足りずに、社員、役員総出で作業にあたることも珍しくなかった。しかし、売上げが増えて出荷量が増えるにつれて、そうした対応にも限界が見えてくる。本社か倉庫かわからなくなってはいけないと、保管・在庫管理、ピッキング、梱包・発送などを請け負う物流倉庫への委託を決めたのが二〇〇四年のことである。

その少し前に中川政七商店では、商品にＪＡＮコードを付けて単品管理を行う仕組みを導入していた。ＪＡＮコード以前は、百貨店ならば商品一つひとつにその店のタグを付けることが求められた。そのまま売れればよいが、何かの理由でいったん戻して他の百貨店に納品するとなると、いったん付けたタグをはがして、新しい店のタグを貼り直さなければならない。当時はまだ卸の割合が多かったので、私たちの会社にとってその負担は大きかった。

いろいろと調べてみると、日本工業規格（ＪＩＳ）が制定した標準の商品表示であるＪＡＮコードというものがあることがわかった。一つの商品に付けられるコードは世界に一つだけなので、どこに行ってもそのまま通用することがわかった。これなら在庫管理も納品も格段に楽になるし、コストはわずかな登録管理費だけですむという。早速導入することを決めた。

しかし、少し早すぎたらしく、二〇〇二年当時はまだ百貨店でもＪＡＮコードに対応していない売り場が多かった。アパレルなどはともかく、家庭用品や呉服の売り場となると、ＪＡＮコードの存在そのものもあまり知られていない。仕方がないので、にわか仕込みの知識を総動員して百貨店の社員に説明して、やっと対応してもらったこともある。

大企業だからといって必ずしもＩＴ化が進んでいるわけではない。レガシー(旧世代の)システムがあって移行にコストや時間がかかる、効率化すると余剰人員が発生してしまうなど理由はさまざまだが、いずれにせよ身軽な中小企業には縁遠い話だ。現場の負担を軽くして、本来戦うべきところに経営資源を集中するためには、中小企業こそしっかり勉強してＩＴを活用すると同時に、時には取引先に働きかける必要もあるのではないだろうか。

さて、話を戻すと、物流倉庫を活用するにあたり、やっとのことで導入したこのＪＡＮコードが大いに役立った。入荷、仕分け、保管、出荷、棚卸と、すべて通して管理できるJANコードは、物流業務を外部に委託するための前提条件となるからだ。
おかげで、奈良と大阪の県境にある生駒郡に拠点を置くアサヒ倉庫に、スムーズに業務を委託することができた。初めは数十坪だったスペースも、今では五〇〇坪にまで広がり、在庫管理も任せている。

実は、アサヒ倉庫と出会う前に一度ひどい目にあっている。地元の金融機関に紹介してもらった倉庫業者との間で業務委託の具体的な話を進めていたのだが、突然、一方的にやめると言われてしまったのだ。

こちらもあてにして準備を進めていたので、簡単に引き下がるわけにはいかない。とにかく理由を聞こうと先方の会社に直接出向いたが、屈強なドライバー数名に囲まれて中に入ることもできなかった。そのときはこんな理不尽なことがあっていいのかと、安易に紹介した金融機関に対しても腹が立ったが、その直後に会計事務所の紹介でアサヒ倉庫という現在のパートナーにめぐり逢えたのだから、結果的には良かったのだろう。あのまま問題の倉庫業者と取引を開始していたらと考えると、ぞっとする。

業務システムが小売りに対応したのは、表参道ヒルズの店がオープンした二〇〇六年春のことである。卸売りのための販売管理システムは私が入社する前から一応あったが、小売事業を想定したものではなかった。そのため、店で商品が売れると、そのたびに品番と売れた個数をメモして、閉店後にそれをまとめて本社にファックスする。本社では営業事務の女性が、ひたすらそれをシステムに打ち込むという、おそろしく効率の悪い処理をしていた。

小売りの売上げが伸びれば伸びるほど事務作業は増えるが、三、四店舗のためだけに小売用のシステムに投資することはとてもできない。一〇店舗になるまでは何とか我慢しよう。そう思い続けていたが、遊中川と合わせて一一店舗目となる粋更の表参道ヒルズ店がオープンして、ようやく念願が叶った。

言うまでもなく、最も喜んだのは店舗スタッフである。在庫確認はリアルタイムで正確にできるし（以前は本社に電話していたが、かなりの確率であるはずのモノがなかったり、ないはずのモノが残っていたりしていた）、閉店後に売上げデータを集計してファックスする必要もない。その分だけ接客に割ける時間が増えて、お客さまを待たせることも減った。サービスの品質が向上したのである。

商品や店舗、ウェブサイトなどと比べてこうした裏の部分は、外からはなかなか見えにくいが、競争力を決定づける一つの大きな要素だと私は考えている。主にデザインやブランディングについて私がこれまでに書いた本ではあまり触れる機会がなかったが、企業が競争優位を持続するうえで業務効率や業務品質の向上は欠かせないと思い、本書では取り上げることにした。

コンサルティングを行うときも、まずは業務フローの改善や生産管理といったことから着手して、新商品やブランドづくりはその後になる。工芸メーカーに限ったことではなく地方の中小企業の多くは、かつての中川政七商店がそうだったように、こういった基本的なことができていない。経営がない状態といっても過言ではないだろう。それだけに当たり前のことを当たり前にできるようになるだけで状況は大きく変わるし、他に一歩先んじることにもつながる。

ユニークな戦略や優れた戦術があっても、それを実行する力が備わっていなければ絵に描いた餅にすぎない。中期的な事業展開を見越したうえで、着実に業務改善を積み上げていく必要がある。

## 社員が感じていた意外な不安

競争力の源泉として忘れてならないのが「人」である。私が改革に着手したとたん、古くからいた社員が次々と退社して、二年後にはほとんど誰も残っていなかった。新しく採用するにも地方の中小企業には、これはという人材はなかなか集まってくれない。だから、人の問題にはずっと頭を悩ませてきたし、優秀な人と一緒に仕事をしたいと願っていたので、その重要性はかねてから認識していた。

しかし、社員たちを動機づかせて力を引き出し、ベクトルを合わせることの意義を本当に理解するようになったのは、この一〇年ぐらいのことである。

会社のことを誰よりも長い時間、頭に汗をかきながら考えているのは自分だから、進むべき方向やスピードは私が決める。もちろん、デザインや生産管理などの専門知識と経験が必要とされる仕事もあるので役割分担は必要だが、私が描いた地図のうえで各人がそれぞれの持ち場で力を発揮すれば、それが組織の力につながると考えていた。

そんな私が変わるきっかけをつくってくれたのは、あるアルバイトのスタッフの一言だった。事業拡大に採用や人事制度が追いついていない時代で、アルバイトのスタッフが店長を務めていた。その一人にあるときふと、「社長の考えていることがわからない」と言われたのだ。二〇〇五年のことだったと記憶している。

「考えていることなんてわからなくても、全部指示は出しているから、やることはわかるでしょう」と言うと、「それはそうですけど、考えていることがわかったら、私たちで判断できることもあるし、もっとうまくやれるのに」と返された。わりとクールで、飛び抜けて意欲的というわけでもないスタッフだっただけに、その一言は重く響いた。

彼女が言うとおり、何をするべきかという具体的な指示はしてきたが、なぜそうするのか、それによってどんな成果が得られるのかは全く伝えてこなかった。会社が成長する一方で、社員と私の距離はますます遠くなろうとしている。店舗も人も増える中で会社として成長していくためには、中川政七商店は何のためにあるのか、何を成し遂げようとしているのかというビジョンと、それを実現するうえで重視する価値観をわかりやすい言葉で伝えて共有しなければならないと考えるようになった。

ちょうどその頃、人事制度の刷新を計画していた。まず、それまでアルバイトだった店長全員を社員化する。次に、家族手当や住宅手当といった諸手当を廃止する一方で年俸制を導入して、成果をあげた人には評価と給与できちんと報いたいと考えた。

家族手当や住宅手当は、扶養家族のいる年配の男性を厚く遇することにつながりがちで、公平性に欠ける。私が入る前の中川政七商店では、営業の男性が偉くて、事務の女性がその下に位置するというおかしなヒエラルキーがはっきりと存在した。かつての主力事業であるお茶道具の第一事業部では特にその傾向が強く、年齢も性別も関係なく行動や実績で評価するフェアな制度の必要性を強く感じていた。

新制度導入を前に社員の意向を聞いておこうと、アンケートを行うことにした。ついでだからと人事制度だけでなく、会社の将来性についてどう感じているかを質問する項目も入れたのだが、そこで思いもしない結果が出た。全体の七割が先行きに不安を感じていたのである。業績は右肩上がりだったにもかかわらず、だ。

「全然伝わっていないんだ!」というのが実感だった。悪いのは社員ではなく、私である。足元の業績もこの先の計画も、一部の幹部社員を除けば誰にも話してこなかった。ましてやビジョンや理念など、口にしたこともない。

茶道具から雑貨、卸から小売りとどんどん事業が変化する中で何の説明もなければ、働く人が不安を感じるのは当然だろう。これを機に、会社の向かう方向性、つまりビジョンをはっきりと示して、そこに社員のベクトルを合わせる方法について、真剣に考え始めるようになった。

そうした心の変遷を裏づけるかのように、二〇〇七年に書いた中計には、ビジョンとして「日本の伝統工芸に携わるメーカー・小売店を元気にする！」と書いてある。もう少し後だと思い込んでいたのだが、今回、昔の資料を見直す中で見つけて驚いた。言い回しは少々違うが、内容は今の「日本の工芸を元気にする！」とほとんど変わらない。ともあれ、社員に対してビジョンを示して、中計をもとに三年後、五年後の会社の姿を伝えることを始めたのはこの頃からである。

## 「こころば」を揃える

もちろんビジョンを掲げるだけでは、全員のベクトルを合わせるのは難しい。社員一人ひとりの中に腹落ちして、日々の仕事を通じて同じ方向に進んでいくためには、何らかの仕掛けや教育が欠かせない。中川政七商店でいえば、仕事における心構えを表す「こころば」や、普段の業務における判断基準を示した「しごとのものさし」がそれにあたる。「こころば」は全部で一〇項目。どれもシンプルなものばかりだが、その奥にある意味を各人が考えて、体現できるようになってほしいと思っている。ただし、これもただ一〇個並べれば理解が進むというものでもない。

機会を捉えてその意味を自分の言葉で社員に向けて説明するようにしていて、月一回、その時々に伝えたい大切なことを全社員にメールで送る「毎月のテーマ」でも何度か取り上げている。ここに抜粋して紹介したい。

「こころば」

一、正しくあること

自分に対して、お客さまに対して、取引先に対して、同僚に対して、社会に対して「正しくあること」。誰に対してであれ、自分の中で正しいと思うことは一つであるはずで、それは言ってしまえば、人として正しくあることにほかなりません。仕事の場面では往々にして、正しいことはわかっているのに、さまざまな理由をつけてやるべきことをやらなかったり、やるべきでないことをやってしまうことがあります。曲げることに慣れずに、「正しくあること」を大切にして、それに従って行動してください。

二、誠実であること

誠実とは、まじめで、真心があること。相手のことを思う気持ち。嘘がないこと。自分（自社）だけが良ければいいという考えでは、物事は長く続かない。嘘もしかりで、長くは続かない。相手のことも真剣に考えることが、結局は自分のためにもなる。相手を思い、まじめにコツコツやること。誠実であること。

三、誇りを持つこと

自分の仕事に誇りを持ってほしい。アルバイトでも正社員でも、真剣に仕事に取り組み、自分なりに満足のいく結果を残せていれば、そうした状況を自慢に思える。そうすると、次はそれに恥じない仕事をしようと考え、自分の中の満足できる基準が少しずつ上がっていく。まずは、誇りが持てるように仕事に打ち込もう。そして自分の誇りに恥じない仕事をしよう。そういう人が増えれば、会社は自然と誇れる会社になる。

四、品があること

品とは、もののよしあしの程度や人に自然に備わっている人格的価値です。理屈では測りにくく、何をもって品があるとするのかは多様で、品のあるなしですべてが決まるわけでもない。でも、だからこそ、品のある会社、品のあるブランドとなりたいものです。中川政七商店における品とはどういうものか。それぞれが感じ、考えて、品のある行動を意識してください。

五、前を向くこと

仕事にはつらいことがたくさんある。そういうとき、反省したり、へこんだりすることは大切です。そこから学ぶことも多いからです。でも、顔だけは常に前を向くようにしておいてください。風が強ければ目を細めて立ち止まっていてもいいから、下や後ろを向かない。そうすれば、いつか目をしっかりあけて歩き出せます。真摯にまっすぐに物事に向かい合うこと。それが「前を向くこと」。

六、歩み続けること

状況は刻一刻と変化し、それに対応することが求められる。追われる立場になればなおのこと、歩みを止めてはいけない。歩むことの意味を考えてしまうこともあるけれど、歩み続けることでしか見えない風景もある。歩み続けよう。

七、自分を信じること

仕事において何が正解かは誰にもわからないから、自分を信じましょう。自分の判断や行動を悔やむとどんどん自信がなくなり、判断することや行動することから逃げたくなって、その弱気がさらに判断や行動を誤らせる。だから、自分を信じるしかないのです。

八、ベストを尽くすこと

自分を信じるためには、ベストを尽くすよりほかに方法はありません。自分にできることはすべてやりきる。ベストを尽くせば、自分を信じることができます。

九、謙虚であること

「誇りを持つこと」「自分を信じること」と、謙虚であることは矛盾しません。誇りを持って、自分を信じている人こそ、謙虚である必要があります。自分の足りないところを認めて、自分に対して、周囲に対して謙虚な気持ちを忘れないこと。

十、楽しくやること

一日の多くの時間を当てているのだから、仕事が楽しめないのはつらいことです。誇りを持って仕事にあたり、果たすべき役割を果たして結果を出し、その充足感をみんなで共有する。これが私の考える仕事を「楽しくやること」です。楽しい仕事をしてほしい、楽しい会社であってほしい。

「しごとのものさし」の参考にさせてもらったのは、オリエンタルランドの行動規準「SCSE」である。安全（Safety）、礼儀正しさ（Courtesy）、ショー（Show）、効率（Efficiency）の頭文字を優先すべき順番に並べたこの行動基準が一躍注目を集めたのは、東日本大震災のときだった。

東京ディズニーリゾートのある千葉県浦安市は液状化の被害が大きかったが、パニックになってもおかしくない状況下で、キャスト（東京ディズニーリゾートで働くスタッフをこう呼ぶ）は見事な対応を見せた。七万人の来場者の安全を確保し、園内で一夜を明かした二万人の帰宅困難者の不安や寒さを和らげようと、自ら判断して普段は人目に触れないところに置かれている段ボールや売り物の飲み物などを配ったのだ。安全で安らぎを感じる空間よりも大事なことなどないとするＳＣＳＥという指針がキャストに根づいていた

政七まつりでのワークショップ
（二〇一六年八月、堂島ホテルにて）

からこそできた行動だろう。

私たち中川政七商店の「しごとのものさし」は、心配り、美意識、積み上げの三つからなる。最優先されるのは他者に対する心配りで、次は常に美意識を持つこと、そして最後が今やっている仕事を次につなげる積み上げとなる。相手の気持ち、自分の意識、仕事の蓄積という三つの軸を判断基準としている。

年一回、「政七まつり」を開くのもそのためである。これはいわゆる社員納会のようなもので、全社員が一同に会して一つのテーマをもとにディスカッションやグループワークを行う。ちなみに、第一回目の二〇〇七年のテーマは「つながり」で、よその部署が何をやっているのかがわからない、一体感が持てないという社員たちの問題意識を反映したものだった。

価値観の共有やビジョンを社員の中に落とし込むのに、もうこれで十分ということはないと思う。今もあの手この手で、みんなのベクトルを合わせる方法を模索し続けている。

## 怪文書が出回る

人事制度を見直して、社員と気持ちを一つにする取組みを始めておいて本当に良かったと思う出来事が、それから間もなく起こる。中川政七商店を誹謗中傷する怪文書が、公正取引委員会に宛てた告発状という形をとって、出店しているショッピングセンターの運営会社や百貨店、それに取引のある金融機関にまで送りつけられたのだ。

怪文書の情報をいち早く教えてくれたのは、親しくしていた駅ナカ施設「エキュート品川」の方だった。ファックスで送ってもらった内容を見て、怒りが込み上げてきた。そこに書かれていたのは、中川政七商店は海外で生産した麻生地を国産と偽って販売しているという事実無根の誹謗中傷だった。

私の祖父にあたる十一代目の巌吉の時代に、麻生地の生産拠点は基本的に海外に移転している。熟練の織り子を事業の用に耐えるだけ国内で確保することが難しくなったのを受けて、機械化するのか海外生産するのか二つに一つの選択を迫られた巌吉は、考え抜いた末に韓国で職人を自ら育てて、手績み、手織りの技術を継承する道を選ぶ。その後、中国に生産拠点を移しているので、今私たちは中国で織った生地を日本で製品にしているが、それを国産だと偽ったことは一度もない。告発状の内容は完全に事実と異なるものだったのである。

一報を受けたのは夜の七時を回った頃だった。慌てて親しくしている他の施設の関係者に聞いてみると、メールで送られてきているところもあった。百貨店などは特に不適正な表示に厳しく、疑いがあると見なされるだけで、商品を店頭から下げられるおそれがある。

これは一刻も早く対応をしないと大変なことになる。アドレナリンが湧き出るのが自分でもわかった。

事実無根であることを論理的にはっきりと説明する文章を徹夜して書き上げる一方で、店長全員に事の経緯を説明したうえで、明日の朝一番に各施設の担当者にこの文章を持参して説明するように指示した。特に慎重な対応が求められる百貨店などには、私が出向いた。万が一どこかの百貨店が、事の次第がはっきりするまでは中川の商品はいったん売り場から下げようなどと言い出せば、ほかも横並びになりかねない。いったん下げられた商品を売り場に戻すのが簡単でないのは十分に想像できたので、私自ら説明することにしたのだ。おかげで、まったくのでっち上げであることを理解していただき、事なきを得ることができた。

一方、金融機関の反応は拍子抜けするようなものだった。どうやらこの種の誹謗中傷は毎日のように寄せられるらしく、珍しくもなんともないという。こちらはそんなことは知らないので必死に対応したのだが、おかげで危機管理力の高さをあちこちで褒められることとなった。こんなに早く、適切な対応をとるところはめったにないというのだ。

なかでも私が嬉しかったのが、皆さんが店長陣を褒めてくださったことである。自信を持ってしっかりと説明されたので、かえって信頼度が増したと言われたときほど、彼女たち（店長は全員女性だった）を頼もしく感じたことはない。社員になってもらっておいて本当に良かった。そう心から思った。

これがもしアルバイトだったらどうだったか。おそらく彼女たちは同じように動いてくれたはずだ。でも、「私たちは決して嘘はついていない」という確信に基づいて、ショッピングセンターや百貨店の人を驚かせるほど熱のこもった説明ができたかどうかはわからない。「私たち」の会社と店長たちが思ってくれたことが、何より心強かった。

## 絶好調が始まった！

社員のモチベーションが高まったことで、業績はさらに向上した。この後、既存店の売上げは二〇〇六年一二月から二〇〇九年三月まで、二八カ月連続で昨対増を記録することになる。

その一方で、会社としての評価や認知度がアップしたことにより、社員に期待される仕事の質と実力との差がさまざまな場面で目につくようになった。なかでも結果が目に見える形で出るクリエイティブに関連するところでは、それが顕著だった。

栃木県那須市のホテル二期倶楽部を運営する二期リゾートと、ブライダル用のオリジナルギフトを共同開発したときのことだった。クリエイティブディレクターと

業績の推移

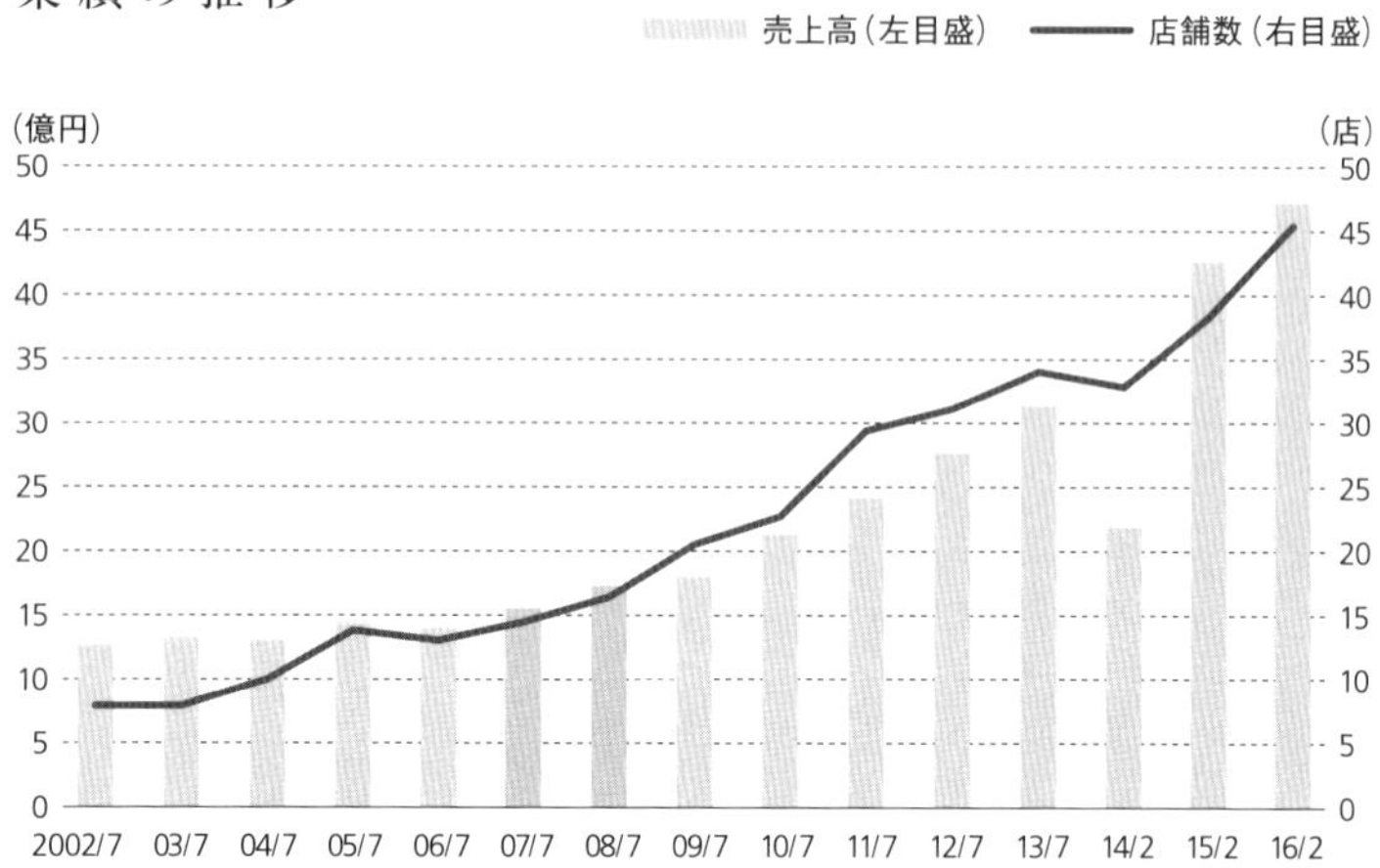


(注) 2014年2月期は7カ月決算。　(年／月期)

して入った、デザイナーで和菓子のHIGASHIYAなどを手がける緒方慎一郎さんが、うちのデザイナーの仕事に最後までOKを出してくれなかった。素材や形状は良いけれど、グラフィックがダメだというのだ。

何度かやり直したが、最後は時間切れで取り上げられた形になり、緒方さんがサッと仕上げてしまった。完成したものを見ると、確かに緒方さんのところで仕上げたもののほうが良い。残念だが、こちらの力不足は認めざるをえなかった。

うちのデザイナーをかばうわけではないが、デザイナーはテキスタイルが専門で、グラフィックデザインが弱いのも無理はなかった。もちろん、私たちの会社ぐらいの規模ではそんな理屈は通用しないので、グラフィックでも、プロダクトでも、デザインであれば一通り何でもこなして、実戦で経験を積みながら、みんな力をつけていく。

しかし、外のプロの目で見れば物足りないところは当然あるはずで、緒方さんからのダメ出しもそうした中の一つだったといえる。当のデザイナーは心底悔しい思いをしたようで、すぐに大学時代の恩師に電話をかけてグラフィックデザインの講座を紹介してもらい、休みの日に通って一から勉強し始めた。

何年か後、もともとあった粋更のロゴマークにタグライン(ロゴとともに書かれるコピーやスローガン)を付けることになり、彼女にその仕事を任せることにした。できあがったタグラインは申し分のないもので、インテリアを担当するデザイナーの小泉誠さんから「社内にちゃんとしたグラフィックデザイナーがいるんですね」とお褒めの言葉をいただいた。彼女は今、うちのエースデザイナーになっている。

インハウスデザイナーには、社員であるからこその強みもあるが、その一方で甘さがあることも否定できない。デザインでご飯を食べているという意識が、ともすれば薄くなりがちだ。だから私は、外部のデザイナーと仕事をする際にはできるだけ早い段階から社内のデザイナーを帯同して、一流のプロフェッショナルの仕事を見て勉強させるようにしている。

褒められても、けちょんけちょんにけなされても、自分との実力の差にショックを受けても、そうした刺激は必ず本人の財産になる。自分たち自身がプロフェッショナルにならなければ、外の一流の人材の力を最大限に引き出していくことはできない。これはデザインに限ったことではないだろう。

そして、私自身が間もなく、その後の中川政七商店の運命を左右する一人のプロフェッショナルと出会うことになる。

二〇一〇年春に竣工した新社屋（奈良市東九条町）。
「未来の町屋」がコンセプトで、
事務所、倉庫、ショールームの機能を備える

# 第三章
# ビジョンが生まれる

## 水野学さんとの出会い

この人との出会いがなかったら、中川政七商店は今とは少し違った形になっていたかもしれないと思う人がいる。クリエイティブディレクターの水野学さんだ。

多くの経営者が「良いデザイナーがいない」と嘆き、少なからぬデザイナーが「クリエイティブを理解しない経営者ばかりだ」と不満を漏らす中で、私と水野さんがめぐり逢って、信頼関係を築き、お互いのビジネスに良い結果をもたらしてきたことは、自分でも本当に幸運だったと思う。

でも、その幸運は空から降ってきたものではないし、お金に糸目をつけずに手に入れたものでもない。他の経営者からうらやましがられることもあるので、幸運を引き寄せた私なりの方法を紹介しようと思う。

と言うと、大層に聞こえるが、実際は私が水野さんにメールを送って会いに行った、それだけだ。でも、こういうことを自ら行う経営者はそれほど多くはないらしい。普通は誰かに紹介してもらったり、最初は社員を窓口にしてやり取りする。もちろん、私だってそうした方法でアプローチすることはあるが、これはというときには直接連絡して自分の言葉で話して、相手の反応もしっかり受け止めるようにしている。

二〇〇八年当時、遊中川が二五周年を迎えるのを機に、ロゴやショップバッグ、ショップカードなどのグラフィックの立て直しを計画していた。誰に頼むか探しているときに手に取ったのが『グラフィックデザインの入口』（ピエ・ブックス）という本だった。

デザイナーの登竜門として知られるJAGDA新人賞を二〇〇三年に受賞した三人が、業界の大御所やそのときに最も勢いのあるデザイナーなどにインタビューする本で、それぞれの個性が出ていて興味深かったのだが、特に印象に残ったのが水野さんだった。他の二人をリードしてその場をコントロールしている様子が、読んでいるだけでひしひしと伝わってきた。この人には場を支配する力がある、そう直感した。

デザイナーの仕事はデザインを通じて、それを見る人との間でコミュニケーションをとることなので、優れたデザイナーはコミュニケーションをコントロールすることに秀でている。裏を返せば、目の前の人とコミュニケーションがうまくとれない人が、デザインによって間接的にそれをコントロールするのは難しいのではないだろうか。

日頃からそう考えていた私は、ただならぬ場の支配力を発揮していた、このデザイナーに会ってみたくなり、水野さんの会社のホームページを見て、代表メールに連絡を入れた。

当時、水野さんはすでに大きな仕事をいくつか手がけていて業界内では知られる存在だったが、それで躊躇するようなことはなかった。私が尊敬する先輩経営者のマークスアンドウェブ社長の松山剛己さんいわく、「今でこそ中川さんと水野さんは対等だと思うけれど、あのときは違った」らしい。おそらく世間の大方の評価も同じだったはずだ。松山さんは身の丈を超えたところに行く私の軽やかさを褒めてくれるが、当の本人にはその自覚があまりないのだ。

一流の人ほど、筋の通ったきちんとした依頼をすれば真摯に答えてくれるものだし、せっかくお願いするなら一流に越したことはない。だから相手が誰でも、必要とあらば臆せずにアプローチするようにしている。

ただしその際、実際以上に自分を大きく見せたり、話を盛ったりせずに、良いこともそうでないこともできるだけ正直に話すようにしている。これはメディアの取材を受けるときも、社員に対するときも変わらずに心がけている点だ。

だから水野さんのときも、中川政七商店と自分の紹介をしたうえで、遊中川のグラフィックの立て直しを考えていること、仕事を依頼するかどうかはまだわからないが一度会いたいことを伝えた。率直さが功を奏したのか、水野さんは快諾してくれた。

そうして初めて訪ねたその日、予定を大幅にオーバーして三時間ほど話し込むことになる。話すほどに、本を読んで得た直感が確信に変わっていくのがわかった。帰り際、水野さんに「ゆっくり考えて、依頼するかどうか決めてください」と言われたが、自分の気持ちははっきりしていた。正式に依頼することを決めて水野さんの事務所を後にした。

## 右脳のパートナーを求めて

次に一度、遊中川の店などに足を運んでもらい、三回目に会ったときに水野さんが持ち出した提案書は意外なものだった。「今の中川政七商店に足りないもの」が、書かれていたのだ。

奈良という日本の中でも特別な街に生まれて三〇〇年近く商いを続けてきた歴史は、よそのブランドがどんなに願っても手にできるものではない。その貴重な財産を生かしていないのは、あまりにももったいない。そう水野さんは指摘した。

遊中川のロゴの立て直しを頼んだはずなのに、会社のこと、経営のことに踏み込んでいる。もしかしたら経営者の中には、なぜデザイナーがそこまで口を出すのかとカチンとくる人もいるかもしれない。けれど私は、全くそんなふうには感じなかった。

一つには、水野さんの言う「足りないもの」が、腹落ちするものだったことがある。地球上で中川政七商店のことを誰よりも長く、真剣に考えているのは私だろう。それでも、あるいは、それだからこそ見えなかったり気づかなかったりすることはある。水野さんの提案は、まさしくその点を突いているように思えた。

そして、おそらくもう一つの理由は、自覚していたかどうかは別にして、自分とは別の感覚を持つパートナーを求めていたのだと思う。イノベーションに成功したければロジカルに、また時にはクリティカルに物事を捉えて考える左脳と、クリエイティブ思考でゼロからイチを生み出す右脳の両方を使わなければならない。このようにピーター・ドラッカーが指摘したのは、今から三〇年も前のことだが、今日では右脳と左脳を自在に行き来して思考する重要性は、ますます高まっているように感じる。

左脳タイプが多数とされる経営者の中で、私はどちらかといえばバランスのとれたほうだと思うが、それでもせいぜいロジック七に対して、クリエイティブ三といったところではないだろうか。組織を動かして事業を行う中では、どうしても論理性が要求される場面が増える。しかし、それだけでは、同じく理詰めの経営を行う他社に抜きん出ることはできない。論理的思考だけではたどり着けない答えがあるということだろう。

一例を挙げよう。水野さんにデザイン以外の相談をするようになってしばらくした頃、ある商業施設への出店について相談したことがある。私の見立てでは売上げ的に出店基準をクリアしていると思っていたのだが、水野さんの答えは「売上げはつくれないかもしれないが、ブランドにとってはプラスになる」というものだった。

ブランド価値の評価と測定についてはさまざまな研究がなされているが、いまだこれといったモデルはないと聞く。水野さんもあのとき、その街に出店した場合とやめた場合の中川政七商店のブランド価値を精緻に数値で比較したわけではない。

二〇〇九年三月オープンの
「遊中川 東京ミッドタウン店」

曖昧といえば曖昧なのだが、ブランドや人々の好き嫌いなんて、本来はそういうものだろう。人の頭の中や心の中にあるものであって、お金に換算するのは難しい。だからこそ、それを感じ取れる目利きが求められもするのだろう。

　結局、出店することを決めた。二〇〇九年にオープンした遊中川の東京ミッドタウン店がそれだ。水野さんの意見に従ったわけではなく、それを聞いて自分なりに解釈して、経営者の立場で最終的に判断したのだが、雑誌などでたびたび取り上げられたわりには、売上げはそれほど伸びなかった。この件では水野さんの見立てのほうが正しかったことになる。それ以降も自分とは違った視点を持つ水野さんに、折に触れて相談している。

## ビジョンが生まれた瞬間？

もしもデザイナーとの不毛な関係に悩む経営者と私に何らかの違いがあるとすれば、それはクリエイティブに関するリテラシーの差ではないだろうか。クリエイティブについて考えて、最大限の効果を引き出すために必要な基礎的な力である。

リテラシーとセンスは違う。普通、経営者にはクリエイティブのセンスも技術もないので、自分でデザインを考えることや手を動かすこともできない。しかし、リテラシーさえあればクリエイティブの役割を理解して、そのデザインによって何を実現しようとしているのかという意図を明確にすることはできる。言い換えれば、ここのところもわからずにプロのデザイナーに全部お任せでは、いくら高いお金を払って有名デザイナーを起用しても満足のいく結果は得られないはずだ。

私は家業に戻ってから、努力してクリエイティブのリテラシーを身につけた。そもそもデザインはコミュニケーションの一つの手段であることを理解したうえで、たくさんのデザインを見て、商品の売れ行きや世間の反応などを通じてその効果を自分なりに分析して理解するようにした。野球のノックのようなもので、きちんと意識して行いさえすれば、こうした積み重ねが力につながるし、リテラシーが身につけば私が水野さんに出会えたようにいいパートナーにめぐり逢える可能性が高まる。

　このときに大切なのは、経営のリテラシーを持つデザイナーを選ぶという視点だ。商業デザインの良し悪しは最終的には結果、つまり、売れ行きや反応で評価されるべきなのに、この点を理解しない、あるいは理解しようとしないデザイナーは少なくない。

私自身、過去にそうしたデザイナーと仕事をした経験もある。大層美しい店ができてメディアで何度も紹介されたが、肝心の売上げが伸びない。店のデザインやレイアウトの変更をデザイナーに相談しても「変える必要はない」の一点張りで、はっきりと口にしたわ

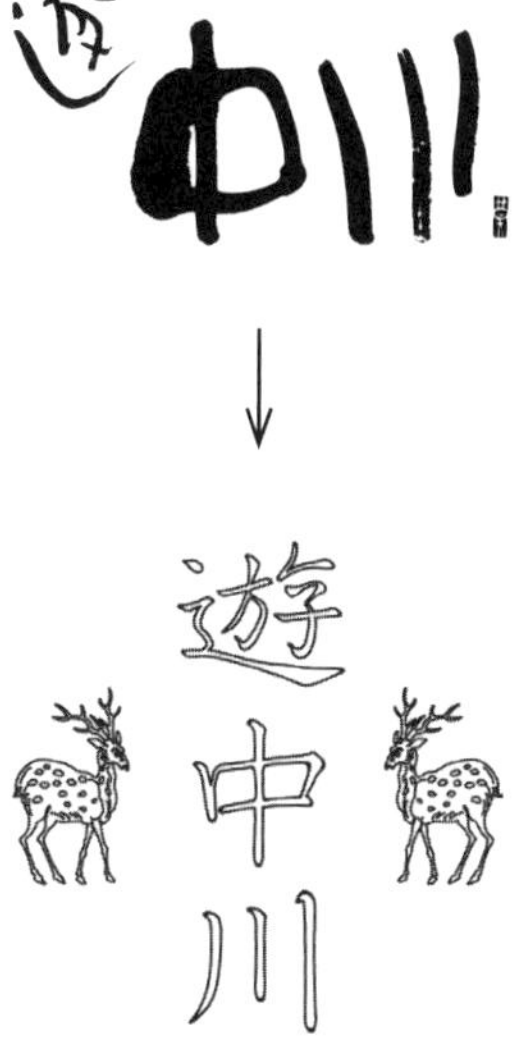


創業時から使われていた
榊莫山氏の書によるロゴマークから
グッドデザインカンパニーによる
二匹の鹿を配したものに変更された

けではないが、売上げは私の責任の範疇ではないという姿勢が明らかに見て取れた。これではは同じ舟に乗って戦っていくことなどとうていできない。

結局、他のデザイナーに代えることになったのだが、この苦い経験が、経営者として自分がクリエイティブのリテラシーを養うのと同時に、経営を理解するデザイナーを選ぶ重要性を私に強く認識させた。

デザイナーの特性や実績、それも知名度や主要な作品といった曖昧なものではなく、携わった仕事でどんな成果を上げてきたのかという本当の意味での実績を見極めて、目的や状況に応じて起用するクリエイティブマネジメントは、経営にとってますます重要なテーマとなっている。経営者が直接タッチしなくとも、十分な理解と体制の下で企業として一貫性を持って当たらない限り、経営とクリエイティブの幸せな関係はいつまで待っても訪れないだろう。

実は「日本の工芸を元気にする！」という中川政七商店が掲げるビジョンの誕生にも、水野さんがかかわっている。

日本の工芸に携わるメーカーと産地が補助金などに依存せず、経済的に自立してプライドを持ってものづくりに取り組める状況を取り戻すことが、そのまま中川政七商店の生きる道にも通じるという思いは、会社に戻って何もわからずがむしゃらに突き進んだ最初の二、三年が過ぎた頃から抱くようになっていた。

だから今のビジョンがいつ生まれたのか特定することはできないのだが、水野さんいわく「僕との会話の中ではっきりと固まった」らしい。真相は藪の中だが、「それはいい。もっと打ち出していくべきですよ」という水野さんの言葉に背中を押してもらったのは事実である。

ちなみに、水野さんは最初の面談で依頼したロゴの手直しを、もちろん忘れていたわけではない。そのとき提案書とともに示された肝心の遊中川のブランドシンボルは、それから何回かの手直しを経て、二頭の鹿を配した現在のロゴマークになっている。

## 本を出版する

ビジョンは掲げたものの、直接的には競合しない、とはいっても同業界にいる私たちが工芸メーカーや小売店に何ができるのか、全国の工芸産地を元気にするためにどんな手段が考えられるのか、しばらくは考え込む日が続いた。ただし、一つだけ決めていたことがある。それは「直接かかわる」ということだった。

有名な評論家やメディアであれば、工芸にはまだまだ潜在的な価値がある、日本のいいもの、優れた技術を途絶えさせてはいけないと訴えるだけでも意味があるし、影響力もある。

しかし、私は経営者である。口で言ったり書いたりするだけではなく、中川政七商店の事業を通じて、日本の工芸が元気になるように実際に行動するのが自分の仕事だと考えていた。それならば思いきって相手の側に入り込んで、中から変えていけばいい。そう気づいたとき、工芸業界に特化したコンサルティングを行うというアイディアが生まれた。

日本の手仕事というと、伝統に裏打ちされた匠の技といったイメージが強いが、工芸メーカーの全部がそうした特別な技術や品質力を持っているわけではない。いや、むしろそうでないところのほうが多いのではないだろうか。私たちの会社自身が、かつてはそうだった。

生活様式の変化によって需要が減った蚊帳《かや》生地を何かに生かせないかという思いから生まれた「花ふきん」は、中川政七商店を代表するロングセラー商品だが、アイディアはともかく、開発や製造の過程で特別な技術が使われているわけではない。事実、花ふきんによく似た商品を他でも売っている。それでも「やっぱり中川さんのところのでないと」と言ってくださるお客さまが多いのは、本当にありがたいことだ。

花ふきんは、私が家業に戻る前に母がいち早く商品化したこともあるが、ブランドをつくり、育てることによって中川政七商店の商品が下駄を履いた状態になり、選んでもらいやすくなったことも大きく影響しているはずだ。そのために私はこの一五年間、ずっと力を尽くしてきた。

技術も柱となる商品もなかった中川政七商店がこうして成長できたのだから、他の工芸メーカーにできないはずがない。もしも技術力があれば、なおさら強い会社とブランドができる。だから、コンサルティングの経験はなくても、自分たちがやってきたことと同じようにすれば、他の工芸メーカーも元気にできるという確信が私にはあった。

しかし、ここでまた一つ問題が浮かび上がる。何の実績もない私たちの会社に、誰がコンサルティングを頼むというのだろう。そもそも地方の工芸のつくり手は、中川政七商店

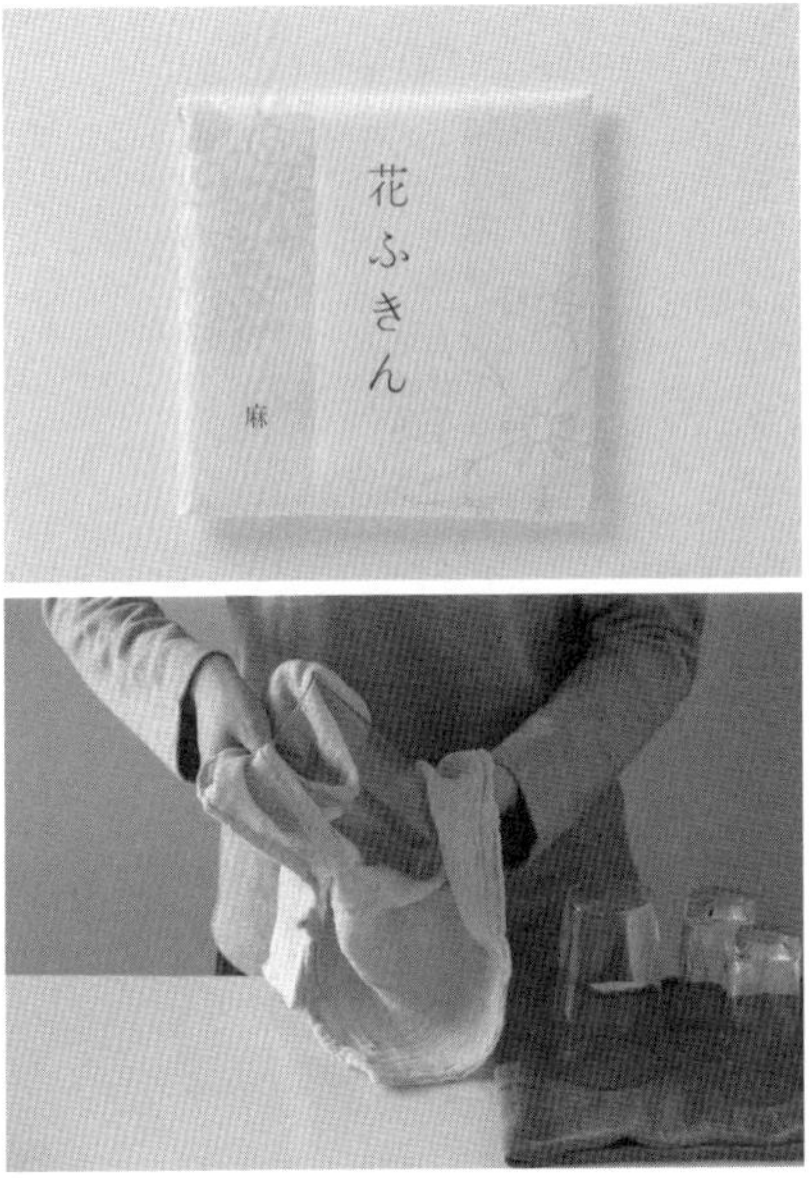


奈良名産の蚊帳生地を使った看板商品の「花ふきん」。広げたり畳んだりして、さまざまな用途で利用できる

も表参道ヒルズの粋更もほとんど知らない。ならば本を書いて、私たちの存在とコンサルティングをやっていこうとしていることを知ってもらおうと考えた。

いきなり本を出すといっても、当時の私は地方の中小企業の一経営者にすぎなかったので（今もそこのところは基本的には変わらないのだが）、出版社からぜひ書いてくださいと依頼がくるわけではない。面識があった月刊『日経デザイン』（日経ＢＰ社）の副編集長の下川一哉さんと交渉して、連載をしてそれが好評だったら書籍化してもらう約束を取りつけた。

二〇〇八年三月号から連載が始まった。会社勤めを辞めて中川政七商店に入り、財務や業務システムを改善したこと、卸売りから小売りに軸足を移して直営店を増やしたこと、人事制度を改革したこと、新ブランド粋更を立ち上げたこと――表のことも裏のこともできる限り包み隠さず書いた。評判を得て本につなげたいという思いはもちろん強かったが、それと同時に読者の役に立ちたかったからだ。

経営やブランディングのことなど何も知らずに悪戦苦闘していた頃、いろんな本を読んでヒントを得たり、助けられたりした。一方で、中小企業の課題や実情にあった本が見つからず、徒手空拳を余儀なくされた問題もあった。今度は書く側に回ったのだから、遠回りしながらも自分なりに見つけたやり方や答えを惜しみなく伝えて、当時の自分のように迷っている人に参考にしてほしい。連載中はそのことが常に頭にあった。

そんな思いが通じたのかもしれない。おかげさまで評判は上々で、二〇〇八年一一月に日経BP社より初の著書『奈良の小さな会社が表参道ヒルズに店を出すまでの道のり。』が世に出ることになる。

書店に並んだのを初めて見たときは本当に嬉しかった。でも、喜んでばかりもいられない。一人でも多くの人に読んでもらって、私たちの会社のことを知ってもらうのが目的なのだから。そこで自ら書店営業に行くことにした。ちなみに、これは一般的には出版社の営業担当者が行う仕事である。

調べると、新聞のベストセラーランキングがビジネス書の売れ行きに大きく影響することがわかった。売れ行きのデータはいくつかの書店の一週間程度の販売数からとる。これなら何とかなるかもしれない。そう考えて、あまり大きな声では言えないが、何百冊とまとめ買いして瞬間的にランキングを上げる工夫をした。

もっと直接的な営業努力も行った。なかでも、手製のポップをつくって書店回りをしたのには、「著者がそこまでするのか！」と驚かれた。コンサルティング宣言を広く知ってもらいたいのはもちろんなのだが、自分がかかわったものが、それがたとえ本だったとしても、売れないのは許せない。そんな物売りの血が騒いだのは否定できないだろう。

おかげでいくつかの店では店長さんとも親しく話をさせていただき、それなりに目立つ位置に平積みされる、という新人としては異例の扱いもしていただいた。八年経った今も、この本は版を重ねて読み続けていただいている。当時、お世話になった書店の皆さまには今でも感謝している。

## 社長になってわかったこと

中川政七商店の社長に就任したのは、二〇〇八年二月のことである。それまでも遊中川や粋更を運営する第二事業部は私の管轄だったが、社長になったのを機に父の担当だった茶道具の第一事業部も見ることになる。

立春を迎えたとはいえ、まだ寒いある日、天理の寿司屋に父と二人で出かけた。二人きりで外食したのは、後にも先にもこの一度だけだったように思う。父親と息子なんてどこの家でもだいたい同じだろうが、私と父も二人でいるとそれほど会話が弾まないし、仕事のことを話していると、ついついイラッとくる。だから、それまでも第二事業部のことは何も相談しなかったし、父も口を出さなかった。

注がれたビールに普段は飲まない私が形ばかり口をつけるのを待って、「現役を退いて、おまえを十三代社長に就かせるにあたって、言っておきたいことが二つある」と父は切り出した。

一つは、自分の代で中川家の財産を三分の一にまで減らしてしまったという告白だった。バブルの頃に何かしでかしたらしいことは薄々知っていたので、特段の驚きはない。だが、もう一つはきわめて意外な言葉だった。

「会社を潰そうがどうしようがおまえの勝手や。好きにやればいい。もし潰れたら笑ってやるだけや。ただ一つだけ伝えておきたいことがある。何ものにもとらわれるな。おまえは麻というものを大切に思っているが、それもどうでもいい。商売を続けることを第一に考えろ」

業界の習慣や枠を超えて自由にやってきたと自分では思っていただけに、「僕にそれを言うか？」と驚いたが、考えてみれば父も歴代の当主たちも、その時代時代を生き抜くために変化と進化を重ねてきた。もしも、奈良でつくった麻生地だけにこだわっていたら、中川政七商店はとうの昔に消えてなくなっていただろう。歴代当主たちの奮闘と奔放さを考えれば、私など常識の範囲内なのかもしれない。

格式張ったことを好まず、家訓や社是などない家だが、何ものにもとらわれずに生き続けていくこと。それが中川政七商店が三〇〇年にわたって最も価値を置いてきたことなのかもしれない。

# 松山社長からの贈り物

私が社長になったのをとても喜んでくれた先輩経営者がいる。マークスアンドウェブの松山剛己社長だ。同じタイミングで玉川髙島屋ショッピングセンターにテナントとして出店して以来、親しくさせていただいている。

松山さんは、広告代理店や商社などを経て一〇〇年以上続く家業の松山油脂に戻った後、自然派化粧品の自社ブランド「マークスアンドウェブ」を立ち上げて、直営店舗での小売業にも乗り出した。その経営者としての歩みは、僭越ながら私と重なる部分が多い。

社長就任を祝って食事をごちそうしてくれるというので喜んで出かけたら、そこに大きな紙袋を抱えて松山さんが現れた。どんな立派な祝いの品をいただけるのかと期待に胸を膨らませている私の前にドンと積まれたのは、書類とノートの山だった。

「社長になってわからないことがいっぱいあるだろうから何でも聞いてほしい。今この場で答えられるように、会社に関する資料はあらかた持ってきた」。まるでこうするのが当たり前かのように、こともなげに松山さんは言った。

言うまでもなく、当たり前のことなんかではない。競合しないとはいえ、よその会社の経営者に話す必要のない自社の情報を教えようというのだ。他にそんなことをしてくれる人がいるとは思えない。そのとき、どんなに感動したかを表す言葉を持たない自分が情けないが、あの日のことを忘れることはきっとないはずだ。

松山さんに教えてもらったことで、特に印象に残っていることが二つある。一つは、中期経営計画書をきちんと書きなさいということだった。奈良のスターバックスで岡本充智さんに言われて以来、それらしいものは書いていたが、担当事業部だけを考えるのと経営者として書くものとでは内容も重みも違う。

良いときも悪いときも年一回は必ずその中計と決算書を持って銀行に行きなさいというのが二つ目の教えである。年月の分だけ増すその紙の厚みがそのまま信頼につながって、万が一のときに必ず助けになるという言葉を信じて、それ以来ずっと年一度の銀行詣でを実行している。

考えてみると、今は私がコンサルティング先の工芸メーカーに同じことを言っている。会社経営のイロハともいえるようなことだが、そんな当たり前のことだからこそ、言ってくれる人は周囲にはなかなかいない。松山さんへの感謝を、自分より若い世代の経営者たちの背中を押すことで形にしていきたいと思っている。

## 新卒第一期生を迎える

社長になってすぐの大仕事が、新卒第一期生を会社に迎えたことである。もちろん、採用選考は前年で、準備はさらにその前から始まっていたのだが、ともあれ二〇〇八年四月、中川政七商店に初めての新卒社員四名が入社した。

それまでにも学校を卒業したら私たちの会社でどうしても働きたいという奇特（？）な学生がいて例外的に採ることはあったが、基本的には即戦力として期待できる中途採用を行ってきた。一番の理由は、社会人としての基礎がまだできていない新卒の社員をきちんと指導できる社員が、私以外にいなかったことだ。同じような理由で、中小企業の多くは新卒採用をはなからあきらめているのではないだろうか。

採用も入社後の教育も、新卒者は中途の何倍もの手間とお金がかかる。実際のところ私自身、会社説明会で話したり面接したりで、新卒採用のために少なからぬ時間を割いているし、こうして本を書いたりテレビ番組に出演したりする目的の一つもそこにある。一人でも多くの学生に中川政七商店を知ってもらい、優秀な人材にたくさん応募してほしいから、大学などから講演依頼があると喜んで受けるようにしている。

私が新卒にこだわるのは、仕事をしていく仲間として心の持ち方、仕事にあたる際のスタンスをとても重く考えるからだ。これは仕事をする中で時間をかけて身につけるものなので、途中で根本から変えるのは難しい。だから中途の場合、今の中川政七商店に必要なスキルやノウハウを備えた実績豊富な人材であっても、私たちの会社にはなじまないという理由で採用を見送ることがたまにある。

これに対して新卒者は、当然のことながら何のスキルも実績も持たないが、余分な装飾がない分だけ素地が見えやすい。素直で周りの人への思いやりがあって、そして何より向上心に満ちている。そんな生来の気立てや考え方をする人であれば、入社後もスタンスを揃えて一緒に働いていくことができる。だから、新卒採用は社長になる前からの念願だったのだが、ようやく機が熟して二〇〇八年に新卒第一期生を迎えることができたのである。

## 社員と会社は、選び選ばれる対等な関係

私は、社員に対して強い口調で指導したり、数値目標を達成させるために無理なプレッシャーをかけることをしない。そうやって追い込めば確かに一時的には業績が上がるかもしれないが、言われてやるのでは子どもの宿題と変わらない。そんな外からの働きかけがなくても、自ら意識を持って取り組んで成果を出すのが理想である。

成果にしても、定量的なものよりはむしろ定性的なものを求める。ブランドマネージャーなどの一定以上の職位にある社員にはもちろん実績数値を求めるが、それだって数字が良ければそれでいいというわけではない。むしろ、メールの文面一つにしても、もう少し人を思いやる書き方があるだろう、といったようなことを指摘するケースが多い。

こう言うと、緊張感に乏しいぬるま湯的な組織をイメージされるかもしれないが、それは違う。この一〇年あまりで、中川政七商店の事業規模や内容は大きく変わった。変化や成長のスピードについてこられない人が出てくるのは当然で、以前の、会社組織と呼ぶのがはばかられるような牧歌的なマネジメントや仕事の進め方に慣れていた昔からの社員のほとんどが退職した。それも致し方ないと思う。

こうした考えの根底には、社員と会社は対等な関係でなければいけないという信念がある。これでも法学部出身なので、労働法の精神は一応理解している。労働者と使用者との間の不平等な関係を是正して、弱い立場にある労働者を守るために労働基準法は定められている。しかし、保護されるべき弱者という捉え方からしてすでに、社員を下に見ているといえなくもない。会社が上で社員が下と、本当にそんなに簡単に決めつけてしまってよいのだろうか。

自分が経営者だからそんなふうに言うわけではない。社員と会社以外の他の関係に置き換えても、上下や強者と弱者といった一面的な捉え方には違和感を覚えるし、そうした思いは、自分が一般的に弱い立場にあるとされる側に回ったときほど特に強く感じる。要は、対等でないのが許せない性分なのだろう。

たとえば、中川政七商店の商品を置いていただく百貨店やインテリアショップなどは、私たちにとって大切なお取引先さまとなる。今でこそ、ぜひにと声をかけていただくケースも増えたが、以前は何とか取引機会を得ようとこちらから働きかけることがほとんどだった。それでも、あちらが上でこちらは下、ある程度の無理を要求されても仕方がないなどと考えたことはない。

原材料を提供してくれる企業、製造を委託するメーカー、コンサルティング先の中小メーカー、デザイナーをはじめとする外部のプロフェッショナル、そして大切な社員たち……。そうした多くの人や組織があって、私たちの会社はある。そのどこにも上下はなく、選び選ばれる対等な関係だと考えている。

そんなふうだから、社員が会社の従属物などとは夢にも思わない。だから、いったん会社を離れた人が出戻ってくるのも歓迎するし、独立して活躍している卒業生を見ると嬉しくて仕事を依頼することもある。

会社と対等な関係に立って、会社のビジョンに共感して一緒に働きたいと考える優秀な人が、一人でも多く中川政七商店の門を叩いてくれることを期待している。

# 社屋を新築する

かつて新卒採用の際に毎年頭を痛めていたのが、「応募者にいつ本社を見せるか」という問題だった。奈良の本社は古い、狭い、寒い、の三重苦で、粋更や遊中川の店を見てしゃれたオフィスを想像していた学生はたいてい衝撃を受ける。せっかく見つけた人材に逃げられるのを恐れて、タイミングを見計らっていたのである。

会議室や応接室も満足になくて、窮屈に並べられたデスクの間にやっとこしらえたスペースでお客さんと打合せをしていた。弁当を持参する社員も多かったが、ランチはいつもの自分の席で慌ただしく済ませるので気分転換にもならないし、仕事中も気が散って仕方がなかったはずだ。これで存分にクリエイティビティを発揮してくれ、というほうが無理だろう。

私自身、子どもの頃は机の上をきれいにして、参考書や筆記用具も完璧に揃えてから勉強に取りかかるタイプだった。準備にかける時間と勉強する時間がたいして変わらないと親には怒られたが、環境を整えたいという願望は人一倍強いほうだろう。

だから、社員にも早くちゃんとした環境を用意したいと考えていた。新社屋建設の構想は以前からあって、父の代に土地だけは奈良市内に確保していたのだが、私が社長になっていよいよ具体的な計画をスタートすることになった。

「仕事とプライベートを完全には分けない」ことと「仕事の周辺環境を大切にしたい」という思いは頭の中にあった。そんなことを設計を依頼した建築家の吉村靖孝さんと話しているうちに出てきたのが「暮らすように仕事をする未来の町屋」というコンセプトだった。奈良や京都にあった町屋には、通りに面する表部分が店や作業場などになっていて、奥が居住スペースになっているつくりが多かった。それを現代に取り入れて、郊外の住宅地にも溶け込むクリエイティブなものにしたいと考えたのだ。

吉村さんは、町のにぎわいと家の落ち着きを兼ね備えた、カラフルな細長い家型が連なるデザインで私の期待に応えてくれた。事務所、ショールーム、倉庫と機能ごとに塗り分けられた色は、麻の反物からイメージされている。狭くて寒いのはこりごりだったので、光や風を感じる開放的な環境になるようにお願いしたら、表に面した壁はすべてガラスで、天窓からも光が入るプランとなった。

吉村さんの手による新社屋はグッドデザイン賞中小企業庁長官賞や日経ニューオフィス賞などを受賞したほか、建築雑誌で紹介されるなど、高い評価をいただくことができた。幸いにも、というと関係者の方々に叱られそうだが、リーマンショックの余波もまだ収まらない二〇一〇年の竣工だったことで、総工費もだいぶ抑えられた。

実は、吉村さんにお願いする前に一度、建築家の妹島和世さんに依頼していた。ファーストプランまで出してもらったが、事前に伝えてあった予算を大幅に上回るもので、現実的な額に歩み寄るのは難しいと思われたのでお断りしていた。吉村さんは自身も注目の若手建築家であるにもかかわらず、そうした経緯も承知したうえで十分に現実的で、そして何より魅力的な設計をしてくれた。そこに建設不況の追い風が吹いて、建設業者に支払う建築費が大幅に圧縮できたのである。

ちなみに、妹島さんも吉村さんも、推薦してくれたのは水野さんだった。妹島さんは私たちの新社屋が竣工したその年に建築界のノーベル賞といわれるプリツカー賞を受賞しているし、吉村さんもその後、海運コンテナの規格を流用して仮設ではない、ずっと使える住宅を被災地に届けるプロジェクトを手がけるなどして、建築界に新風を吹き込んでいる。今さらながらに水野さんの慧眼には驚かされる。

もう一人、身内ではあるが、ぜひとも名前を記しておきたい社員がいる。社内公募に手を挙げて社内の新社屋建築プロジェクト担当となった岩井美奈さんだ。設計事務所、ゼネコン、行政、近隣住民の方々など、多くの関係者の間に入って複雑な調整にあたるのは、いくら大学で建築を勉強したとはいえ、新卒一期生として入社したばかりの彼女にとっては荷が重かったはずだ。手に余ることがあれば私に言ってくれればいいのに、それさえも思いつかないほどいっぱいいっぱいになって、それでも二年近い大プロジェクトを通じて立派にその役割を果たしてくれた。

新社屋の食堂には八メートルの大テーブルが二つある

吉村さんの柔軟な発想と建築不況のおかげで、何を削ってもこれだけはと死守した執務スペースの床暖房も、無事に導入できた。事前に社員にアンケートをとったら、とにかく暖かいところで仕事をしたいという、涙なしでは読めない回答が最も多かった。これでもう社員に寒い思いをさせなくて済むと思うと、本当にホッとした。

ちなみに、私が最も気に入っているのは、全長八メートルの大テーブルがどんと置かれた食堂だ。食事をするだけでなく、いつもと違った環境で考え事をしたいときなどにもよく足を運ぶ。天井から床まで一面のガラス越しに外の緑を見ていると、思いがけないアイディアが湧いたり新たな視点を得られたりするのが嬉しい。

このテーブルはその重量を支えるために基礎から固定されているので、基本的には撤去したり移動したりできない。こういう一見すると無駄な空間は人やモノが増えて手狭になったりするとすぐに削られる運命なので、あえてそれができないようにしたのである。今のところ、この決断を悔やんだことはない。

新社屋のプランが出たとき、身の丈に合わないのではないかという意見が出た。経営者仲間からも、何もこんなタイミングで建てなくてもと忠告された。無理もない。世界的な金融危機の影響は日本にまで及び、企業はどこも新規投資を手控えている時期だった。それでも先送りしなかったのは周囲、特に社内に対して、二つのことを宣言したかったからである。

一つは、本気で「日本の工芸を元気にする!」というビジョンに取り組んでいくこと。もう一つは、社員みんなの可能性を信じていくということである。そこそこの業績、ほどほどの成長で良いなら、リスクをとって投資する必要はない。古い社屋でみんなで肩を寄せ合って、つつがなく商売を続けていくという選択もありえた。でも、どう考えてもそんな未来に社員も自分も満足できるわけがないし、第一、まるで楽しそうでない。

日本の工芸を元気にするには、まず中川政七商店自身が元気な姿を見せる必要があるし、効率的で創造性を刺激するワークスペースで、それまで以上にみんなに力を発揮してもらわなければならない。少し背伸びをして成長を引き寄せれば、頑張って成果を出した社員に、その頑張りにふさわしいポジションや仕事を用意することもできる。

中川政七商店と社員のみんなには、それだけの可能性が十分にあることを、リスクをとって投資をすることでわかってもらいたかったのである。いわば決意表明としての新社屋だった。おかげさまで、あれから中川政七商店の背丈もだいぶ伸びたので、今ではもう分不相応と言われることはなくなった。

その一方で、新社屋しか知らない社員が増えている。恵まれた環境で仕事をするに越したことはないし、それが用意できることを私も誇らしく感じる。しかし、何もしなくてもそうした環境が自然に与えられると考えているとしたら、それは少し違う。

奈良の本社にしても、表参道の東京事務所にしても、今ある環境は先輩たちが努力して勝ち得てきたものだ。それは報酬制度などの経済的なものや、ブランドなどの社会的な評価も同じで、そのうえで今の社員たちは仕事をしている。環境に甘えるのではなくそれに見合った仕事をして、さらに良い環境を自分たちの力で手にする。そうした心構えが、社員と会社の真に対等な関係をつくるのだと思う。

新社屋プロジェクトで社内の窓口を担当した岩井さんは、結婚して母親になり、また仕事に復帰した。彼女だけではない。彼女の同期もそれに続く新卒組も、昨日まで学生だった頃を知っているだけに、その成長を目の当たりにするにつけ、いつも驚かされるし、時間の流れの速さを感じずにはいられない。

早いもので二〇一七年春には、新卒一〇期生を迎える。新しい社員とも対等な関係を切り結び、中川政七商店も社員一人ひとりに負けないスピードとパワーで成長していかなければならないと、私も思いを新たにしている。

二〇一三年三月、東京・丸の内の商業施設ＫＩＴＴＥにオープンした「中川政七商店 東京本店」

第四章

# 十三代社長に就任する

# 新ブランド「中川政七商店」の創設

二〇一〇年、「暮らしの道具」をコンセプトとする社名を冠した新ブランド「中川政七商店」をデビューさせた。より多くの工芸メーカーと産地を元気にするためには、日本に古くから伝わる布を現代のライフスタイルに合った形で提案する遊中川と、相手を思いやり、贈る心を形にした「日本の贈りもの」の粋更に加えて、機能的な日常の暮らしの道具を扱う新ブランドが必要だと考えたのだ。三つのブランドがそれぞれの領域でしっかりとしたポジションを築くことが、会社全体のブランド力の底上げにつながる。

「日本の工芸を元気にする！」というビジョンに対する覚悟を示す思いもあって社名を冠したブランド名にしたが、山口信博さんと水野学さんという二人のデザイナーに時を置いて、中川政七商店という名前が持つ強さと、それをもっと前面に出すべきだと指摘されたのが頭のどこかに残っていたのだと思う。

山口さんには二〇〇五年に粋更のロゴマークのリニューアルをお願いした際に、水野さんには二〇〇八年に遊中川のグラフィックの見直しをお願いした際に、それを言われていた。二人ともずいぶん熱心に中川政七商店を推すので、それぞれ依頼した粋更と遊中川のほうはどうなるのかと心配したぐらいだ。外の新鮮な目を通すと、自分たちでは気づきにくい宝が発見しやすいことを物語る例だろう。

ブランドが増えたこともあって出店ペースも上がる。最も多かった二〇一一年には年間七店舗を新たに出店し、二〇〇七年に一五を数えた店舗数は、二〇一一年にはその倍近い二九にまで増えた。メーカーを元気にしたいなら流通の出口、つまり売上げをつくるのは必須で、なかでも直営店はものの背景やつくり手の思いをきちんと伝えられる最良の出口となる。

リーマンショックの影響でアパレルが一気に売れなくなって関連企業が出店を絞ったことも、私たちにとっては追い風となった。デベロッパーから良い条件の話が次々と寄せられるようになる。

どうも関東の人は、関西の商人は何かにつけて「ぼちぼちでんな」と言うと思い込んでいる節があるが、少なくとも私は一度も口にしたことはない。「まあまあですね」も、本当にまあまあなときにしか言わない。

そうした表現を好む人は、もしかしたら、こちらの手の内を知られたくないと思っているのかもしれない。でも、自分たちのビジネスや業績について必要以上に秘密主義になると、周囲の理解や支援を得にくくなるおそれがある。それならば考えていることや計画していることを話せる範囲で伝えて、困っていることや足りない部分もできるだけ正直に話す。そうすれば共感して、応援してくれる人も出てくるのではないだろうか。

そんなふうに普段から良いときは良い、悪いときは悪いと虚心に公言していたおかげで、どうやら中川は絶好調らしいという噂がまことしやかに業界内に広がり、出店の打診が相次いだのだ。私たちのような規模の企業にとって、年間で五店舗を新たに出すのは負担が大きい。店を任せられる人材が育ってからにすべきだという意見も社内にはあったし、現場は事実かなりしんどそうだった。

しかし、人材育成が事業拡大に追い着くなどということは、新興の中小企業においてはまずない。それは大企業が新しいビジネスを手がける場合や、新たな市場に出る際も同様だろう。人が育ってからなんて悠長なことを言っていたら、どこにも行けやしない。もちろん、あらゆる事業の担い手は人なので、人材が全く揃わなければ一歩も進めないことも事実である。速すぎても遅すぎてもゴールにはたどり着けない。

経営とは、どこに行くのかということと、そこに向かうスピードを決めることだと私は考えている。「どこに」は企業によって、また経営者によって異なるわけだが、スピードに関しては、たいていの場合、倒れないギリギリの速さが最適解となるのではないだろうか。あまりスピードを上げすぎると制御しきれずに事故につながる。もちろん、遅すぎては話にならない。倒れるか倒れないかのギリギリのスピードを見極めるのは、経営者にとって重要な仕事だと思う。

不思議なことにスピードを追求していくと、組織もそれに呼応するように力をつけてくる。新卒採用が始まり、中途採用も積極的に行うようになると、元からいた社員もそれに刺激を受けてさらに力を発揮するようになる。二〇〇六年から導入した社内公募制も、最初はなかなか手が上がらなかったり、選から漏れると必要以上にがっかりしていたのが、この頃から興味のあるプロジェクトや自分のやりたい仕事に積極的に応募して、自分の意思を示す社員が増えた。

店舗拡大でまず必要となるのは店長だが、それまで奈良の本社に全員配属していた新卒社員についても、二〇一〇年入社からは一部、そして二〇一三年からは全員を店舗に配属するようにした。そのまま店で働くこともあるし、数年して本社に異動する社員もいる。

「現場力」などという言葉もあるが、製造業ならものづくりの現場がそうであるように、小売りなら店舗で知恵や知識が生まれて、人が育つ。顧客と接し、店を運営しなければわからないことを経験を通して自分の頭と体の中に入れて、それぞれの持ち場でそれを生かすことが店も本社も強くするのだと思う。

中途採用者の顔ぶれもだいぶ変わった。大手企業を辞めてでも中川政七商店で働きたいと望んでくれる人が増えたのである。大手経験者なら誰でもよいわけではないが、求人広告を出しても、そもそも人数が集まらなかった昔を思えば本当に嬉しいことだ。

## ブランドマネジメントの改革

三ブランドを回していくと決めたとき、それまでのように自分一人でブランドマネジメントを行っていくことに限界を感じた。それは体制の問題であると同時にスキルの問題でもあった。私自身、ものを見る目やデザインのリテラシーは経営者の中では持っているほうだと思うし、意識して身につけるようにしてきたが、たとえば、そこのところで水野学さんに勝てるかといえば、当然そんなことはない。餅は餅屋で、デザイナーにはデザイナーの、経営者には経営者の領分がある。

だからこそ、水野さんをはじめとする外部のプロの力を借りてきたわけだが、中川政七商店の内部にもその力を養うタイミングが来ていた。そこで各ブランドのすべてに責任を持つブランドマネージャー制度を導入することにした。そのブランドに関することについては社内をまとめて牽引すると同時に、ブランドマネジメントについては外部のプロにもひけをとらない専門性を持つ。それが私が三人のブランドマネージャーに期待したことだった。

ブランドマネージャーの仕事をひと言で表せば、ブランドイメージをつくっていくこととなる。商品、素材、コピー、販促イベントなど、ブランドに関するあらゆる問題について、そのブランドらしいものか、そうでないのかをジャッジする。そのためにブランドマネージャーは商品政策、生産管理、営業政策といった各部門に横串を通して、ブランド全体をマネジメントする責任と権限が与えられた。

とはいっても、マネジメント経験の乏しい三人にいきなりすべてを任せるのは難しいので、販売管理費の管理や出店計画などの経営企画的なことは、以前と同様に私が担当することにした。

この第一次ブランドマネージャー制は半分成功、半分失敗だったといえる。ものづくりと販売戦略のところまでは確かに統制が効いたが、それが店舗にまできちんと落とし込まれていたわけではなかった。ブランドマネージャーが顧客接点にまで直接関与することに、店舗の側もブランドマネージャー自身も戸惑いがあったのだろう。

これは私たちの会社の良いところでもあるのだが、フラットな組織ゆえに統制が効きにくいという課題がある。自由に発想してものを言える雰囲気は貴重だが、権限と責任が明確でなければ組織とはいえない。

その後も何度かブランドマネージャーの役割を見直し、二〇一四年にはビジネスユニット（ＢＵ）制を導入した。ユニットは遊中川、粋更、中川政七商店の計三つで、ブランドマネージャーがそのままリーダーに就任した。ＢＵは商売の単位なので、その商いのすべてに責任を持つ。

たとえばパン屋を営む店主であれば、少しでも安くて良質な原材料を使うために仕入先を探し、顧客ニーズに合ったパンを最も売れる時間に合わせて美味しく焼き上げ、思わず手が伸びるような陳列をして、売れ残りが出ないようにポップを書いたり、時にはお客に声をかけたりする。その合間にパートのシフトを確認したり、近隣の競合店ではどんなパンが人気なのかも調べたりしないといけない。月末には原材料費、光熱費、人件費などを計算して利益を確定して、翌月の販売計画を立てる。

このように、その商売に関係するありとあらゆることに目配りして、算段して、判断して、実行する。これが商うということである。当然、中川政七商店でもBUは利益責任を負うのだが、数字に対する意識が高まるまでには、それからまだしばらく時間を要した。経営者なら、どんな小さな店の主でも収支に敏感にならざるをえない。赤字なら自分の給料は出ないし、店を続けることもできないので当然といえば当然なのだが、会社員の場合はどうしてもそこに対する意識が甘くなる。

そこで、二〇一六年三月期からはいわゆるカンパニー制に近づけて、それまで全社で管理していた販売管理費もユニットごとに責任を持たせる形にした。BUを一つの会社と見なした完全独立採算制への移行である。

BU制の導入により、ブランドと各部門の関係も変わった。必要に応じてBUから、商品企画、生産管理、小売り、卸売り、広報、販促などの各部門に業務を発注する。各部門にとってBUは社内顧客であり、BUの満足度が低ければ、次は外部に発注されてしまうかもしれない。そうした緊張感が社内のさまざまなところで仕事のクオリティを上げていくことを期待している。

二〇一六年時点では、商品企画も小売りも各BU内に入って、課として独立しているのは卸売りと生産管理と通販だけになっている。しかし、これも通過点だと考えている。その時々の中川政七商店にとって最もふさわしい、効率の良い組織デザインは何か、今後も最適な形を求めて試行錯誤がしばらくは続くことになるだろう。

社内の分権化に加えて対外的にも、私一人に依存しない組織づくりも試行している最中だ。これまで中川政七商店といえば、私が前面に出ることがほとんどだったが、これからはブランドマネージャーはもちろん、土産物のことなら誰、麻生地のことなら誰といった具合に、会社の顔になる人間をもっとつくっていきたい。個人ではなくチームで戦える会社の仕組みと人づくりは、これからもずっと向き合っていく課題だと覚悟している。

一橋大学の楠木建教授は「経営はケースバイケース、すべて特殊解」だと述べているが、こうして会社を経営しているとビジネスモデルにも組織デザインにも正解はない、とつくづく実感する。

日々の業務に追われながら、他社の優れた事例を勉強してそこから本質を抽出し、自社の戦略ストーリーに組み込む。考えただけで気が遠くなるゴールの見えないゲームのようだが、その実、それを楽しんでいる自分がいる。この世の中に会社の経営ほど面白い仕事も、そうそうないのではないだろうか。

## コンサル依頼がやってきた

初めての著書が出て半年近く経った頃、待ちに待ったコンサルティングの依頼が舞い込む。長崎県にある波佐見焼の産地問屋マルヒロからである。馬場幹也社長と長男の匡平君が、奈良に訪ねてきた。

当時は二十代前半だったとはいえ、今はもう三〇歳を過ぎて、コンサルティングによって生み出したカルチャーブランド「HASAMI」をマネジメントする匡平君を君付けで呼ぶのはいかがなものかとも思われるかもしれない。でも、私にとって彼は弟のような存在で、かわいい弟子でもあるので、理解していただけると嬉しい。

何しろ出会った当時の匡平君は、控え目に言っても、なかなかのバカ息子だった。大阪でアパレルの仕事などをした後、波佐見に帰ったばかりで、焼き物のことも家業のこともほとんど何も知らない。

経営に関する基本的な知識もなかったので、課題図書を出して月二本はレポートを提出するように言ったが、一応読みはするものの、どれもあまり理解しているようにも思えない。何よりもこれから自分がマルヒロを背負っていくんだという気概が感じられず、父親に言われて仕方なくやっているというのが言動の端々から見受けられた。

波佐見焼は長い間、下請け産地として有田焼を支えてきた。そのために知名度こそ低いものの、成形、型起こし、釉薬、窯焼きなどからなる分業体制を確立し、高い技術力と生産力を誇ってきた。下請けからの脱皮は産地全体の課題となっているが、ブランド力がないため卸売りに頼らざるをえないところが多く、当時のマルヒロも利益率の低い卸売りを主としていた。

ピーク時に二億円あった売上高は、半分以下にまで落ちていた。家業を継ぐために地元に戻った長男の匡平君を中心に、新ブランドを立ち上げて売上げを一・五倍にしたいというのが馬場社長の希望だった。

新ブランドの立ち上げと売上げアップの二つの要望は、後のコンサル案件の多くでも共通して挙げられたものである。現状に課題意識を持ってコンサルティングを依頼してくるのだから、売上げを拡大したいというのは当然だが、新ブランドの立ち上げが判で押したように出てくるのは、少し誤解があるように思う。

新ブランドは、時間とコストがかかるうえにリスクも高い。研究開発や広告宣伝に多額の資金を投じる大企業の場合でも、新ブランドの成功確率は限られている。ましてや、体力のない中小メーカーは推して知るべしだろう。それを知ってか知らずか、「新ブランドを」と口を揃えるのは、どうやら粋更や中川政七商店などのブランドを立ち上げた私自身のイメージが、依頼内容に影響しているようだ。

そういうとき私は、新ブランドは業績改善の一つの手段にすぎないことを説明したうえで、現状を分析して改善すべき点を見つけるのが先だと伝える。私が戻ったときの中川政七商店がそうだったように、たいていの中小企業は改善すべき点には事欠かないし、お客や競合といった相手のある商品開発やブランディングと違って、業務や財務の改善はほぼ確実に経営の立て直しに結びつく。

しかも、一度獲得した業務品質や財務は、強い足腰となって経営を支え続ける。無駄な業務や支出、利益に貢献しない事業をあぶり出してカットしたうえで、既存のブランドや商品の製造、販売先についても見直す。新ブランドの立ち上げはその次だ。

私は中小企業こそブランド力を高めて、顧客やパートナーから選ばれる存在にならなければならないと一貫して言い続けているし、ITを核とする技術革新の加速は、小さな蟻が巨象を倒す可能性を広げている。しかし、それもこれもきちんとした経営があってこそのものだろう。

だから、コンサルティングに入るときには、まず決算書を見せてもらって財務状況を把握するようにしている。そして社内や工場、製品が売られている現場、ときには同業他社などをつぶさに見学して、できるだけ本質的な問題に迫る。

現状が把握できたら、自社の強み、弱み、機会、脅威を整理するSWOT分析や、製品、価格、流通、プロモーションの要素でマーケティング戦略を考える4P分析などのフレームワークを使って、事業機会や市場へのアプローチの仕方を検討する。このあたりは一般的な経営コンサルティングの手法とあまり変わりはない。

しかし、私が最も大事だと考えるのは、この会社で事業を通じて何をやりたいのか、自分たちにできることは何か、すべきことは何かというビジョンである。経営者がはっきりとしたビジョンを持って、それを会社全体で共有しない限り、たとえどんなに成功しても、その会社に本当の意味での存在意義はないし、成功も長続きしないと思う。もしも「日本の工芸を元気にする！」というビジョンを持たなかったら、今の中川政七商店はなかったはずだ。

だから、マルヒロのときも匡平君に、どうなりたいのか、自分がやりたいことは何かを本音で挙げてもらった。業界を代表する問屋になりたい、波佐見焼を有田焼よりも有名にしたいといったオフィシャルなものから、アパレル関連の仕事がしたいといった個人寄りの夢まで、さまざまな項目が出てきた。

さらに掘り下げると、「波佐見にカフェのある映画館をつくって、人の集まる場所をつくりたい」という夢が飛び出してきた。ならば、地元の文化を背負って立つブランドが必要になる。これで、既存の商品やブランドをテコ入れするのではなく、新たなカルチャーブランドを立ち上げるという目標が定まった。

ブランド名は、その名もHASAMI。スタッキングできるマグカップをメイン商品として、新ブランドは走り始める。インテリアライフスタイル展と、中川政七商店主催の展示会（これが後に大日本市に発展する）に出展してデビューしたのは二〇一〇年六月、馬場親子が奈良を訪れてから一年が経とうとする頃だった。

正直言って、それほど大きな反響があったわけではない。どちらの展示会でもHASAMIに興味を持つバイヤーは大勢いたが、その新しさがゆえにみんな慎重になっていた。それが展示会から二カ月後に大手セレクトショップのアーバンリサーチで扱ってもらえることが決まったことで、一気に引き合いが増えた。

しかしその後も、すべてが順調だったわけではない。資金繰りが厳しくなったり、生産管理の甘さから欠品して販売のチャンスを逃したりしたこともあった。それでも丸二年間、全力で一緒に走った。私にとっては初めてのコンサルティング案件だったし、匡平君は家業に戻ってまだ日が浅く、当初は焼き物も経営もほとんど素人同然だった。その匡平君がHASAMIの二年目には、ブランドマネージャーとして自らテーマを決めて確実に売上げをつくってみせて、いっぱしの経営者の顔になっていた。

私がコンサルティングのために波佐見を訪れるのはこれで最後という回に、馬場社長夫妻と匡平君、そしてスタッフ全員でお別れの食事会を開いてくれた。最後に挨拶をしながらみんなの顔を見回すと、匡平君のお母さんが泣いているのが目に入った。ほとんど号泣といってもよいぐらいだ。やんちゃでエネルギーを持て余していた感もある匡平君が立派になったのを、喜んでくれていた。

お母さんとはその後も年に一度ほど何かの機会にお目にかかるのだが、そのたびにあちらはともかく、私までいまだに若干涙目になってしまうのは困ったものである。でも、こうして喜んでくれる人がいること、そして何よりマルヒロの飛躍を機に波佐見が元気を取り戻しつつある様子を見るのはコンサルタント冥利に尽きる。

今、HASAMIはコンサルティング卒業組のリーダー的存在に成長し、集客が読めるブランドとして大日本市に貢献するまでになっている。匡平君を中心に、HASAMI以外の新ブランドも立ち上げた。波佐見に映画館ができる日も、そう遠くないかもしれない。

## 当事者にしか、できないこと

これまでマルヒロ以外に、カバンのバッグワークス、包丁のタダフサ、カーペットの堀田カーペット、ニットのサイフク、果実栽培・加工の堀内果実園、合織長繊維織物のカジレーネなどのコンサルティングを行ってきた。

サイフクまでの個別の案件については『小さな会社の生きる道。』（ＣＣＣメディアハウス）に詳しく書いているので、そちらを読んでいただきたいのだが、コンサルティングフィーは月額二五万円。新入社員の月給よりほんの少し高いぐらいというのがポイントだ。安く設定したのは、小さな工芸メーカーでもやってみようかと思ってもらえる金額にしたかったことと、結果に責任を持ちたかったからだ。

大手のコンサルティング会社に頼むと、月間で数千万円単位を請求されることもあると聞くが、いくら高い報酬を払っても結果責任を負わないのが一般的なコンサルティングである。収益が改善してもしなくても、新規事業が成功してもしなくても、いったん払ったコンサルティングフィーが戻ってくることはない。

でも、私たちの場合は、工芸メーカーに良くなってもらうことが目的で、コンサルティングそのものをビジネスにしたいわけではない。だからフィーを抑えて、コンサルティングしたメーカーの商品を私たちの店で売り、その売上げに応じて中川政七商店に収益が発生するようにした。外からあれこれ考えたり口出ししたりするのではなく、一緒になってやっていく覚悟を示すうえでも、この成功報酬型の仕組みが必要だった。

ただし、工芸メーカーが本当に元気になるか、そしてコンサルティングの期間が終わった後もその元気を継続できるかどうかは、結局のところは当事者次第になる。これまでに全部で一一件のコンサルティングを完了したが、もちろん成功事案ばかりではない。失敗したというよりも、途中でやめることになった案件がいくつかある。そのほとんどは私から中止を申し出たものだ。現状の経営の延長線上に新ブランドや新商品が加わればそれで十分、本当の意味で変わる覚悟を感じられなかったケースである。

そういうところは、たいてい何から何まで私が動いて、新ブランドを開発したり、既存ブランドを立て直してくれるものだと思い込んでいるようだ。誤解を恐れずに言えば、そちらのほうが簡単な場合も多い。

しかし、それでは意味がないのだ。私が離れてもブランドを成長させ、新商品を出し、きちんとした経営をできるようにならなければ、すぐに元の状態に戻ってしまう。マルヒロが匡平君を中心に自らの力で前進しているように、自分たちの中にエンジンを持って回し続ける以外に、この厳しい環境下で工芸メーカーが生き残る道はない。

私から下りたコンサル案件の一つに、服飾小物のブランドを立ち上げたあるメーカーがある。年明けのデビューが決まっていたのに納得のいく色が出ず、一回、二回とやり直しをしたのだが、その作業が年末にかかった。すると先方から、「中川さんのおかげで年の瀬ギリギリまで仕事をさせられる」と思わぬ物言いがついた。冗談で言っている感じでもない。

私のためになのために色を変えてもらっているのではない。ブランドがうまくいくために、ここは絶対に妥協してはいけないところなのだと説明したが、それまでにもどこか他人事のような姿勢が垣間見えることがあり、どこまでわかってもらえたか不安に感じていた。

それから数カ月後、不安は現実のものとなる。マルヒロやバッグワークスをはじめとするコンサル卒業組が集まる合同展示会、大日本市に新ブランドが出展したときのことである。

大日本市は本物のトレードショーであることにこだわっているので、受注高は大事な指標となる。期間中は朝礼を開いて前日の成績と今日の目標をみんなの前で発表する。ジャンルが違うとはいえ、ライバルであることに変わりはない。朝礼はお互いの良いところを学んで、売上げをつくるための知恵を共有する場であると同時に、刺激しあって士気を高める重要な時間なのだが、そこに二日続けて姿を見せなかった。

コンサルと展示会は必ずしもセットではないし、中川政七商店が出展料をいただくわけでもないので、展示会はいわば付帯サービスのようなものだ。だから、出たくないのなら初めからそう言ってもらえばいいのだが、出る以上はルールを守ってもらう必要がある。

そのメーカーには、みんなでやっているのだから来てもらわなければ困ると話したが、「うちは中川さんの傘下でも何でもないんだから、そんなことを言われる筋合いはない」と、かたくなな姿勢を崩さない。これ以上は時間の無駄だと思って、そこで関係を断つことを決めた。開発した商品や展示会での受注に関して、こちら側からは何の権利も主張せず、あちらの自由にしてもらうことにした。

コンサルティングを依頼してくるメーカーの中には、マルヒロやタダフサがうまくいっているのを見て、中川に近づいておけば何かとメリットがあると下心を持って寄ってくるところもある。下心が全部ダメなわけではないが、そういうところは往々にして従来のやり方を変えずに、表面だけ中川らしい味付けをしてもらおうという程度の気持ちでいる。これではうまくいくはずがない。

もちろん事前に、「やっていただくのはご自身で、私はそれを手伝うだけです」と説明しているのだが、なかなか理解してもらえない。だから、話が違うということにすぐになる。そういうケースに共通しているのは、危機感と当事者意識の希薄さである。今変わらなければ未来はないという危機意識と、自分たちの手でそれをやり遂げる覚悟がなければ、周囲で誰が何をやっても、本質的な問題解決にはつながらない。

コンサルタントは家庭教師のようなものだと私は思う。力をつけるのに必要なことは何でも惜しみなく教えるが、家庭教師である私が代わりに勉強することも試験を受けることもできない。戦略を立て、戦術に落とし込んだとしても、実際に戦うのは当事者である。過去のコンサルティング事例を振り返っても、戦う意思をしっかり持って戦闘能力を高める努力を怠らなかったところほど大きな成功を手にしている。当事者にしかできないことがある。

## 二本のキラーパス

コンサルティングはボランティアでやっているわけではない。月額二五万円からというコンサルフィーはどう考えても割に合わないし、自社にも課題は山ほどある。本来ならばそちらに集中すべきなのかもしれない。それでも、「日本の工芸を元気にする！」というビジョンを達成するためには、コンサルティングは不可欠だと考えている。

経営戦略におけるキラーパスという言葉をご存じだろうか。前出の楠木教授が『ストーリーとしての競争戦略』（東洋経済新報社）の中で用いて一躍有名になった。サッカーでは、敵も味方も予想できないような強く鋭いパスを指し、ときにはそのままゴールとなる。経営戦略においては、他社からは非合理的に見える賢者の盲点を突く要素で、ある程度長い期間にわたって競争優位を持続できた戦略ストーリーの多くにはキラーパスが存在すると楠木教授は述べている。

中川政七商店においては、これまでに二本のキラーパスが通ったと自分では考えている。一本目は私が会社に戻ってすぐに小売りに乗り出したことで、二本目はコンサルティングを手がけるようになったことである。一本目の小売りについては、参入しているメーカーも多いので、非合理的には見えないのではないかという意見もあるかもしれない。

まず区別しなければならないのが、ショールームとさほど変わらない、事業とは呼べないほどの小売りである。恵比寿にあった遊中川の東京一号店がまさしくそうで、アンテナショップの域を出ていなかった。当時の中川政七商店が小売事業を展開していたとはいえないだろう。この場合、とりたてて言うほどの成功も失敗もない。

しかし、本気の小売事業は、ショールームやアンテナショップの延長線上にはない。「ものづくり」と「もの売り」は根本からして違う。私たちもそれでずいぶん苦労したし、私たちの成功を見て参入した工芸メーカーや地方メーカーの多くが早々に撤退したように、安易に手を出すと痛い目を見る。

二本目のコンサルティングは、今のところ同じようなことをやるところは現れていないようだ。しかし、あまりにも非合理的に見えるせいか、社内でも「どうしてうちがコンサルを?」という疑問が長いこと解消されなかった。

コンサルティング事業そのものの採算性は言うまでもなく、それが他の事業や会社全体のブランディングにどこまで貢献しているかという観点から見ても、確かに現時点だけをとると合理的には見えないかもしれない。私の時間を含む資本を投入する先としても、もっとほかに適した事業があるだろう。しかし時間軸を広げると、また違った見方が出現する。

一〇年後、二〇年後に私たちが成長を続けているためには、日本の工芸そのものが元気でなくてはならない。そして工芸メーカーや産地との確かなパートナーシップと、コンサ

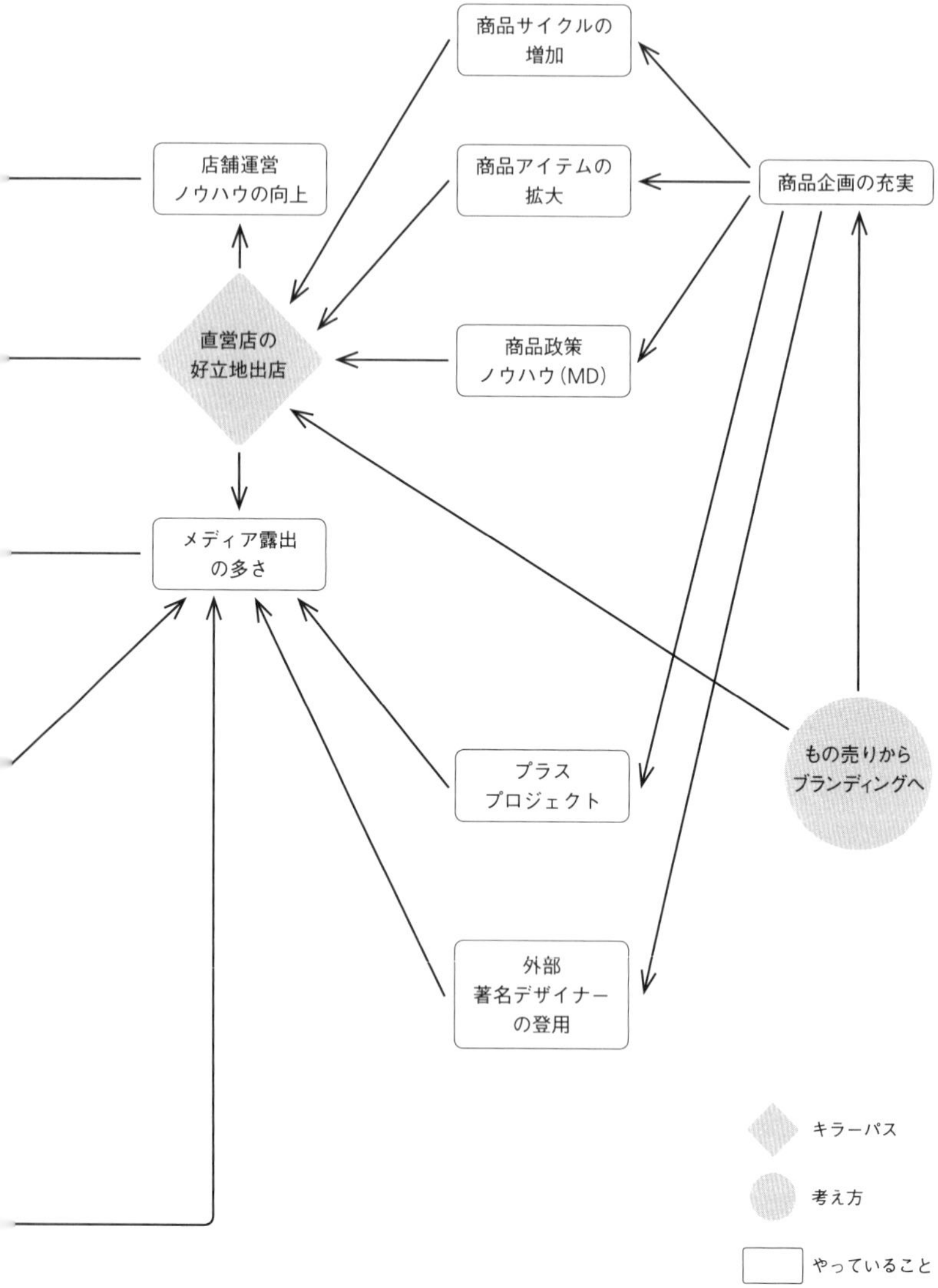

商品サイクルの増加
店舗運営ノウハウの向上
商品アイテムの拡大
商品企画の充実
直営店の好立地出店
商品政策ノウハウ（MD）
メディア露出の多さ
プラスプロジェクト
もの売りからブランディングへ
外部著名デザイナーの登用
キラーパス
考え方
やっていること

## 中川政七商店のキラーパス（2010年）

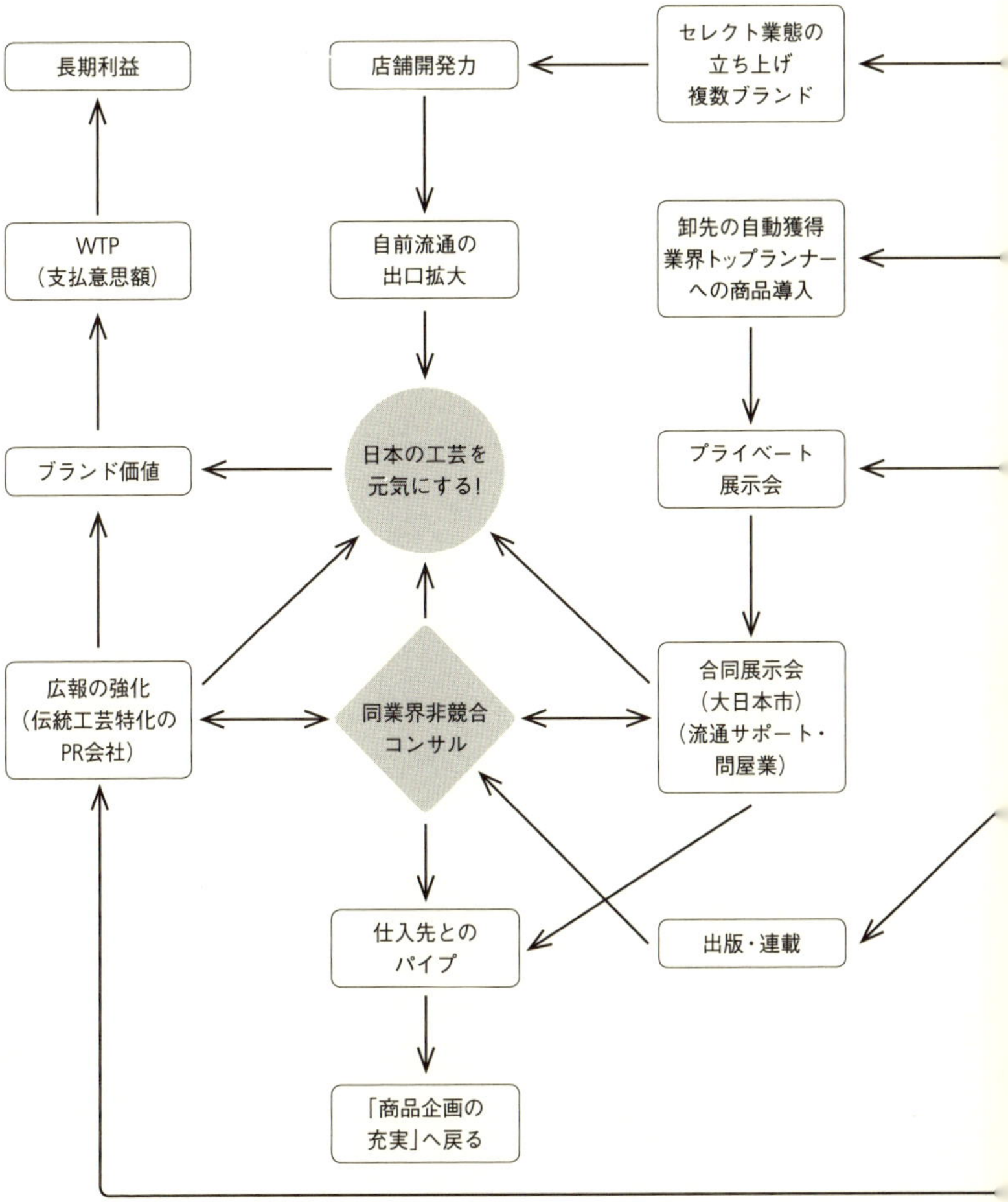

ルティングを通じて獲得したブランドづくりのノウハウの蓄積は、たとえ今後同じようなことを考えるライバルが現れたとしても、そう簡単にキャッチアップできるものでもない。

と、こういう話を社内でも折に触れてするのだが、経営に関心の薄い若い社員が多いせいか、どうも心に響きにくいようだ。「それと私の今日の仕事とどう関係しているのでしょうか？」ということかもしれない。『小さな会社の生きる道。』でそれぞれのコンサルティング案件の詳細を書いた理由の一つもそこにあり、社員や近しい外部の方に、私がコンサルティングに取り組む意図やその成果を知ってほしいと考えたからだ。

二〇一一年の政七まつりでは、マルヒロの馬場匡平君に社員の前で話をしてもらった。話としては知っていても当事者の口から、私たちの会社とかかわることでマルヒロと波佐見焼の未来がどう開けたかを聞いて、みんなずいぶん刺激を受けたようだ。コンサルティングに直接かかわるのは私の他に数名のみだが、すべての社員の仕事が日本の工芸を元気にする力につながっている。そうした意識がみんなの中に少しずつではあるが確実に高まっていることを、とても頼もしく感じている。

そういうわけで、コンサルティングはまだしばらくやめるわけにはいかない。しかも、胃が痛くなるような厳しい案件ほど燃えるという、どう考えても身体に良くなさそうな癖が自分にはある。危機感と覚悟、それに状況の深刻さにおいて、他社には負ける気がしないという工芸メーカーからのご依頼をお待ちしている。

工芸メーカーによる合同展示会「大日本市」
（二〇一四年九月、有明フロンティアビルにて）

第五章

# ビジネスモデルが機能し始める

## 「大日本市」を始める

この商売を始めた頃、いったいどうすれば効率的に販路を開拓できるのか、まるでわからずに苦労した。こんな店に置いてもらいたいなと思うインテリアショップに電話をかけて営業したり、茶道具というわずかなつながりに活路を求めて和菓子屋に懐紙入れや楊枝を売り込んだりしたが、結果は思わしくなかった。

この頃によく聞かされたのが、おたくの会社のことを知らないし、商品も見たことがないから取引できないという話である。ならば、まずは知ってもらおうと、それまでにも出していたギフトショー以外の展示会への出展を試みたが、おしゃれな展示会は来場者数が少なかったり、デザインイベントはバイヤーや小売店の経営者以外の一般の人が多かったりして、思惑が外れることが多かった。基本的にはその場で注文を取ったり、価格やその他の取引条件を交渉するといった「商売」をしないことになっているのにも、違和感を覚えた。

新しいところを攻めようと、遊中川にわずかにあったアパレル商品を洋服の展示会に出したら、他はみんな南米やアフリカのエスニックテイストのメーカーで、浮きまくったこともある。今振り返れば、我ながらなかなかの迷走ぶりと言わざるをえない。インターネットで情報収集するのが当たり前になって事情は変わりつつあるが、ブランドや商品が受け入れられるかどうか以前に、知ってもらう機会さえ与えられないことにフラストレーションを募らせる中小メーカーは今も少なくないはずだ。

だから、工芸メーカーを元気にすると決めたとき、流通の出口のところをしっかりサポートしようと考えた。コンサルティングをしていいものづくりができても、売れなければ会社は続けられない。最初は中川政七商店単独で始めた展示会にマルヒロが加わったのが二〇一〇年の六月で、そこに流通サポートのみを請け負ったストールの工房織座《おりざ》と越前塗りの漆琳堂《しつりんどう》が仲間に入り、二〇一一年六月から合同展示会「大日本市」が始まった。

ここ一〇年ほどで、古くからある大規模な展示会とは一線を画す独立系の展示会がずいぶん増えた。手工芸品であることにこだわるところや、独自のコンセプトで出展者をセレクトするところもあるが、そんな中でも大日本市が変わっているのは、主催者自身がメーカーで、自らも出展している点だろう。

どんな展示会がメーカーにとって嬉しいのか。それが一番わかるのは他でもないメーカー自身だ。特に私は、販路開拓につながる展示会を求めて試行錯誤をした経験があるので、メーカーにとってどんな展示会がありがたいのか、逆に何がつらいのか、を人一倍理解していると自負している。

一番つらいのは、高い出展料を払ったのに、それに見合う売上げが立たないことである。

かつての中川政七商店もそれで苦労した。展示会に関するメーカーの一番の関心は、いくら売上げをつくれるかだが、普通の主催者はそこのところに十分に踏み込めていない。

私たちは展示会そのものをビジネスにしようと思っているわけではないので、出展料は取らない。代わりに流通サポートによる売上げの一定割合をいただく、いわば完全成功報酬型の仕組みになっているので、出展するメーカーにとってリスクはない。

一方の中川政七商店にとっては、限られたスペースの一部を提供しても、少ししか売上げが立たなければ得られるリターンも少ない。そういう意味では展示会を主催する私たちの側にリスクがあることになるが、大日本市に参加するメンバーとは長いつきあいをするのが前提なので、短期的な利益を追求しようとは思わない。私はこれを「長い出世払い」と呼んでいるが、メンバーの売上げが増えるほど、私たちが得る成果も大きくなるウィン・ウィンの関係が成り立っている。

展示会だけではない。大日本市メンバーにとって中川政七商店は問屋であり、商品を卸す小売店でもあるが、ここでも私たちはメーカーの視点に立つようにしている。メーカーが嫌うのは委託販売である。売れ残った商品は全部メーカーに返品されるので、リスクを負うのはメーカーだけ。それなのに「ウチのためだけに特別な商品をつくってほしい」などと、小ロット別注を要求する小売りもある。手間とコストの負担はすべてメーカーにまわされる仕組みだ。中川政七商店では、こうした無理は言わない。

他の会社に商品を卸す場合は、私たちの会社が問屋機能を果たす。具体的には、物流、在庫調整、与信管理、そして情報提供の機能を担う。エンドユーザーはこんなものを求めている、こうすればもっと売れるといった情報をメーカーと小売りに提供する。実は、かつての問屋はみんなこうした、言うならばコンサルティングの役割を果たしていた。

それがだんだんと単に仲介するだけの役割になり、問屋無用論などという話が出てくるようになった。問屋が本来の機能を十分に果たしていれば、もしかしたら私たちの出番はなかったかもしれない。

本物のトレードショーであるのも、日本では珍しいといえるだろう。名刺交換や情報交換もいいが、売上げをつくってこそ展示会の意味があると私は考えている。インテリアのパリコレといわれるメゾン・エ・オブジェもその優雅なイメージのほかに、会期中の成約金額を競うシビアなビジネスの場という別の顔を持つ。どの出展者も販売に熱心で、タブレット端末を駆使して注文を取ったり、価格交渉をしたりする姿をあちこちで目にする。

これは展示会だけの問題にとどまらない。日本の雑貨やインテリアのメーカーは、総じて販売に対する意識が低いように思う。良いものをつくることで満足してしまい、それが誰にどれだけ売れるかに対する関心が薄くなりがちだ。小規模な工芸メーカーともなればその傾向は顕著で、良いものをつくれば誰かが評価してくれると信じている節がある。そうした姿勢が、今の工芸を取り巻く厳しい環境の一因になっていることは否定できないだろう。良いものをつくるのはもちろん、それを必要とする人の手に届けて、初めてものづくりは完結する。

だから、大日本市では第四章でも述べたように、出展者に売ることを強く意識してもらうようにしている。出展者全員が朝礼に参加して、前日の成約実績と当日の目標を発表する。めざましい数字を上げたところがあれば、気持ち良く拍手で称えつつ、胸の内では「くそっ、今日こそは負けられるか!」と闘志も燃やす。地方でものづくりなどに没頭していると、どうしてもそうした競争意識が乏しくなるので、仲間から刺激を受ける大日本市はそういう意味でも貴重な場になっているようだ。

大日本市を立ち上げたときに書いた「大日本市宣言」に、この展示会にかける私の思いが集約されていると思うので、ここで紹介させていただきたい。

大日本市宣言

かつて、民藝運動は無名の職人によって生み出された日用雑器の中に用の美を見出し世に広く啓蒙する活動でありました。

時は過ぎ現代、再び地方のものづくりが見直されております。
物理的距離が近くなり情報格差もなくなった今、
ものづくりにおいても新しい考え方が必要であると感じます。

私たちは、目利きに認められたいのではなく、
多くの使い手に共感してもらいたい。
受け身でものをつくる職人ではなく、
自らの意思で努力する工房でありたい。
無名性を良しとするのではなく、
自分たちの価値観を大切にしたい。
用の美ではなく、
用の幸《サチ》となりたい。

大日本市はそんな作り手たちが集う場であります。

## 「夢の甲子園」のほろ苦い記憶

二〇一二年夏、大日本市メンバーを喜ばせる吉報が届く。展示会・大日本市の趣旨に伊勢丹が賛同してくれ、中川政七商店とメンバー企業が共同で運営する直営店・大日本市を伊勢丹新宿本店へ出店することが決まったのである。

マルヒロ、タダフサ、堀田カーペット、バッグワークス、サイフクといったコンサル卒業組、上出《かみで》長《ちょう》右衛《え》門窯《もんがま》などの流通サポート組、私が水野学さんとプロダクトデザイナーの鈴木啓太さんと三人で立ち上げた新たな定番をめざす「THE《ザ》」、そして中川政七商店の四つのブランドが揃う、展示会をそのまま再現したような店ができることとなった。

工芸品に限らず、メーカーならばどこでもブランドを築きたいと思っているが、個々のメーカーや商品をブランドとして確立させるのはそう簡単ではない。展示会の大日本市はメンバーのブランドを一つひとつの独立した店に見立てて、組み合わせたものだ。店がいくつも集まって共存しているから「市」なのだが、それが実際に店になる。そういう意味で遊中川や中川政七商店の出店とは違う感慨があった。

しかも、場所が場所である。ファッションやデザインに関心のある人にとって伊勢丹新宿本店は特別な存在だ。雑然とした新宿の街にすっくと立つアールデコ調のビルディングの中から、新しい才能や流行が八〇年以上にわたって世に送り出されてきた。アパレルも雑貨もインテリアも、さまざまなメーカーが伊勢丹新宿本店に自社の商品を置くことを一つの目標とする。

ましてや、自分たちの売り場を持つなんて、少し前まで地方の小さな工芸メーカーにすぎなかったコンサル卒業組にしてみれば夢のまた夢。地区予選の一回戦で敗退していた弱小チームがいきなり甲子園に出場するようなものである。私も甲子園初出場を決めた新任監督のように誇らしかった。

「日本の工芸を元気にする！」という中川政七商店のビジョンに伊勢丹が賛同してくれたことも嬉しかった。ものづくりと流通の両輪が回らなければ工芸は前に進めないと考えてきた私にとって、伊勢丹の持つ影響力は期待を寄せるに十分なものだった。五階のエスカレーター横の、広くはないがまずは十分なスペースが与えられた。さて、どんな店にするか、水野さんやフリーのバイヤーとして著名なメソッド（method）代表の山田遊さんと相談しながら、駆けつけたメンバーの手も借りて設営を進めた。

待ち受けているのは伊勢丹流「お買い場」づくりの洗礼である。手間がかかることはわかっていたので、収支面では赤字にならなければいいぐらいに考えていた。これは大日本市メンバーにとって間違いなく貴重な経験になる。そこに期待があった。

ところが、それから一年が過ぎた頃、事態は予想外の展開を見せる。伊勢丹の担当者との打合せの席で、東京駅前のKITTE《キッテ》に中川政七商店を新しく出店したことに関してクレームを受けたのだ。KITTEの店が伊勢丹内の大日本市の売上げに影響することを危惧しているらしかった。

KITTEのある丸の内と新宿では商圏が違うので競合する心配はない。店が似ているという指摘も受けたが、中川政七商店という業態はKITTEが初めてではないし、大日本市はもともと展示会として私たちが一からつくり上げてきたものである。だから、二つの店に似たところがあるのはある意味で当然のことで、そのせいで誰かが利益を損なったり、不愉快な思いをしたりする人がいるとはとうてい考えられない。そんな指摘を受けること自体が、理不尽な扱いをされているようで憤りを感じた。

そもそも「日本の工芸を元気にする！」という私たちのビジョンに賛同して、一緒にやっていこうと言ってくれたはずではなかったのか。それならば流通の出口は多ければ多いほどいいはずで、店が新たにできたのを喜びこそすれ、不満に思うはずがない。

それから何度か話し合いの場が設けられて、最後は先方から慰留されたが、いったん芽生えた不信感を払拭することはできず、メンバーの断りを得て店を閉める決断を下した。自分たちで決めたことだが、苦労も喜びもメンバー全員で分かち合った、それまでのどの中川政七商店の店とも違う「みんなの店」が消えたことが、心から悲しかった。

小さなメーカーと大手流通の間には、明らかな力の差がある。販売力のある店に商品を置いてもらったり売り場を設けてもらったりするのは、メーカーにとって願ってもない話だ。だから、流通から無理を言われても多少のことなら受け入れてしまう。しかし、そういう関係は長い目で見ればお互いにとって利益にならない。

社員と会社が選び選ばれる対等な関係であるように、メーカーと流通、そしてバリューチェーンに連なるすべての関係者も対等な関係であるべきだというのが私の信念だ。だから、私たちの会社では社内でも、取引関係にある企業や個人を「業者」とは呼ばないようにしている。仕入先さん、加工先さんと敬意と親しみを込めて呼んでいる。たかが呼び方と思われるかもしれないが、そういうところに真意はにじみ出るのではないだろうか。

## つくり手の矜持を守る

アンフェアなことはしたくもされたくもないし、理屈に合わないことがまかり通っている様子を傍で見ているのもつらい。別に善人ぶっているわけではないし、自分でもやっかいな性分だと思うが、靴下の専門ブランド「2&9《ニトキュー》」の誕生にもそんな気持ちが関係している。

もっとも、2&9の立ち上げを決めた一番の理由は、奈良の地場産業の一つである靴下製造を元気にしたいと思ったからだ。奈良で生まれ育った私だが、正直なところ地元に対する特別な思いはなかったし、「日本の工芸を元気にする！」という旗を掲げる以上、全国のメーカーと産地を等しく背負いたいと考えていた。

だから、中川政七商店の核となる奈良晒を除けば、県内の工芸品を特別なものとして受け止めてはこなかったのだが、マルヒロやタダフサが地元を活気づかせる様子を見て、奈良は私たち自身が元気にするよりほかにない、と次第に思うようになっていた。

今も国内トップの生産量を誇る奈良の靴下製造だが、御多分に漏れず低コストの海外生産に押されて廃業したり、工場を海外に移すメーカーが多く、生産量はピーク時の半分ほどにまで落ち込んでいる。もともと高品質の綿の産地として知られた土地に良いつくり手が育ち、一大産地に成長した奈良だが、このまま状況が変わらなければ、靴下製造の灯りが消えるのは時間の問題のように見えた。

加えて言えば、自分自身が靴下好きということもある。見るのも買うのも楽しいし、シンプルなコーディネイトに少し変化のある靴下を取り入れると、それだけで自分らしさが出るような気がする。

こうして地元の工芸品をめぐる問題に個人的な嗜好も少し加わり、奈良の靴下メーカーをつくり手とする、中川政七商店にとって初めての専門ブランドである2&9が、二〇一一年一一月一一日の「靴下の日」に誕生した。ちなみに二〇一一年は日本で靴下の生産が始まって一〇〇年の節目の年で、一一月一一日は靴下を二足縦に置いた様子が11、11に見えることから、靴下の日に制定されている。

実は、2&9の商品タグの端には小さな動物のマークが記されていて、それを見れば、どの工場でその靴下が製造されたかがわかる。事情を知らないお客さまには何のことかわからないし、わかったとしても、それほど興味をひかれないかもしれない。それでもマークを入れているのは、一切の妥協を排し、履き心地の良さが長く続く靴下づくりを追求するつくり手に対する敬意を表したいと思ったからだ。

中小の靴下メーカーのほとんどは、OEMを事業の柱としている。品質には絶対の自信があっても、海外の製造工場と常に比較され、委託企業などからの価格や納期に対する厳しい要求を受けて現場は疲弊している。良いものをつくっても報われないと感じているつくり手は少なくない。

粋更の靴下をつくってもらっている会社の方から、私たちの会社の担当者宛てに一通の手紙をいただいたことがある。書かれていたのは社員旅行で東京に来て、表参道ヒルズの粋更のショップをのぞいたときのことだった。粋更では靴下に製造企業名をポップで表示していた。自分たちが自信を持って送り出した製品が、表参道ヒルズにネーム付きで並んでいるのを見て、みんなひどく感激したという。

その会社さんは、国内では比較的大手のOEMメーカーだが、私たち以外にそういうことをする委託企業はあまりないらしかった。ＯＥＭとはそういうものと言えばそれまでだが、つくり手が喜びも誇りも感じられない状況で本当に良いものがつくり続けられるだろうか。エルメスのバッグにはいつ、どのアトリエで、誰がつくったかがわかる刻印が押されていて、そこに職人のプライドも込められている。

何百万円もするバッグも数千円の靴下も、良いものをつくりたい、自分の仕事を通じて価値を生み出したいと考えるつくり手の思いに違いはないはずだ。たとえＯＥＭであっても、経営が立ち行くだけでなく、ものづくりのプライドも取り戻さなければ、産地は本当の意味で元気にはなれない。

少しさかのぼるが、二〇〇五年に始めた「プラスプロジェクト」にも、そんな意味合いが込められていた。こだわりをもったものづくりをしているメーカーや作家と協力して商品開発を行うコラボレーション企画である。

第一弾となったのは「＋前原光榮商店」ブランドの日傘である。皇室をはじめ、数々の著名人に愛されてきた高級洋傘の老舗・前原光榮商店には、それまでも麻生地を使った傘を製造してもらって、遊中川のブランドで販売していた。プラスプロジェクトではそれを、前原光榮商店の名前を前面に出して、製造元の顔が見えるようにしたのだ。

私たちのような製造小売業にとってＯＥＭ先の名前を公表するのは得策ではないという考え方もある。私にだって腕のいいつくり手を誰にも教えず、抱え込んでおきたい誘惑が全く働かないと言ったら嘘になる。ライバルが同じところでつくったものをより低価格で売り出せば、困ったことになるのは事実だ。しかし、OEM先のメーカーの事業がその結果広がるならば、それも良しとすべきだろう。

あれこれ画策してメーカーを抱え込むよりも、自分たちの名前が前面に出ることで、つくり手がそれまで以上にやりがいを感じてくれれば、より良いものができるし、私たちの会社との関係も深まる。こういう関係性こそが中川政七商店にとっては何ものにも代えがたい財産になる。

事実、前原光榮商店さんからはその後、新たに開発した自社ブランドのために中川政七商店の麻生地を仕入れたいという申し出をいただいた。うちが製造を委託して、仕入れて売るという一方通行だった流れが双方向になったのである。これにより、関係は以前にも増して太く強いものになった。

## 上品な商売、しています

別にお金持ちというわけではないが、子どもの頃から勉強もスポーツも、あとは自分の努力次第という十分な環境を与えられて育ってきた。ハングリー精神があるかと聞かれれば、大してありませんと正直に答えるしかない。

経営も「日本の工芸を元気にする！」というビジョンに一歩ずつ近づくことが楽しくて、そこに大義があると思うからやっているので、誰かを見返したいとか、億万長者になってやるといった執念があるわけではない。こういう姿勢を甘っちょろいと感じる人もいるかもしれない。

しかし、私は「適正利益」というものを大切に考えている。利益は事業を通じて社会に何らかの価値を提供している証であり、企業が存続していくために欠かせないものだが、だからといって利益を最大化することを目的に経営しているわけではない。買い手（お客さま）、つくり手（工芸品メーカー）、売り手（中川政七商店）がそれぞれ適正な利益を得て、そして社会にも貢献する、三方よしならぬ「四方よし」を理想にしている。

では、現在の中川政七商店にとってどれぐらいが適正なのかといえば、営業利益率で一〇％程度というところではないだろうか。もしそれが二〇％となれば、どこかで誰かが適正な利益を確保できていないおそれがある。

ちなみに一〇％というのは、利益に対して確固たる信念を持っていたとされる松下幸之助が適正な水準とした数字でもある。もちろん、時代や業種によって「適正」は変わるので絶対的な指標にはならないが、私自身はこの数字を頭に置いて経営にあたっている。つくり手とも、大日本市メンバーをはじめとするパートナー企業とも公正な取引をして、それぞれが適正な利益を得られるようでなければならないと思う。

ただし、組織が大きくなったり事業が拡大して取引関係が複雑になったりすると、そうシンプルに物事が進まないのも事実だ。たとえば大日本市メンバーと中川政七商店の間には、協力して開発した商品に関するロイヤルティー契約のようなものが存在しない。一応、一定のマージンは決めてあるが、展示会や中川政七商店の直営店以外の、彼らが独自のルートで販売した分については、販売額を把握する手段が私たちの会社にはない。そこは信頼関係で、彼らの自主申告に基づいてマージンを計算するが、仮に申告に誤りがあっても、私たちにはそれを確認することも、指摘することもできない。

私と大日本市メンバーの代表者との間には信頼関係があるので、それでいいと思っている。しかし、時間とともに両方とも成長して、コンサルティング当時のことやその後の経緯を知らない社員がそれぞれの窓口になったとき、同じ理屈が通じるのかといえば、限界があるだろう。だからといって、契約書でギチギチに縛るようなこともしたくない。既存の法律やルールに当てはめるのではなく、信頼を基盤にした、お互いの自由や権利を侵害しない緩やかなつながりが持てないか、今まさに模索中だ。

「えらく上品な商売をしている」と編集工学研究所の松岡正剛所長に言われたことがある。そのときは私たちの会社が営業に淡泊なのを知り、そんなふうで商売になるのかと心配していただいたので、ステークホルダーとの関係性を指摘されたわけではないのだが、

「上品な商売」というのは中川政七商店の一面の真実を突いているし、褒め言葉として受け取らせていただいた。

営業もパートナー企業との関係もガツガツ行くのはやはり苦手だ。工芸といったら日本中どこに行っても中川政七商店の資本が入ったメーカーが、中川政七商店らしい商品をつくっているといった姿は、私たちがめざすものではない。それぞれの土地やつくり手が個性を生かして多様なものをつくり、買う側も自分の好みに合うものを選ぶ。それが自然な姿だろう。

だから、つくり手を下請け企業のように考えて自主性や矜持を奪うことはしないし、自立化を喜んで支援したい。自分たちの都合ややり方を押しつけて単色に染め上げるのではなく、メーカーや産地とつながる糸を一本ずつ紡ぎながら工芸の未来を織り上げていこうと思う。

## 手間もリスクも厭わない

靴下の2&9に続いて、二〇一三年にはハンカチの専門ブランド「ｍｏｔｔａ《モッタ》」をデビューさせた。実は、ハンカチと中川政七商店には浅からぬ縁がある。

創業三〇〇年の老舗といわれながら、わりと物持ちの悪い家系であるのと、明治時代に一度火事にあったことが災いして、昔のものがほとんど残っていないのだが、一九二五年のパリ万博に出展した麻のハンカチーフがあるときヒョイと出てきた。何ということもない段ボールの板に挟まれてポリ袋に入れられ、棚のすみに無造作に置かれていたのが発見されたのだ。

極細の手績み、手織りの生地に、菊流水紋、唐草文、鳥草木文の三つの伝統的かつモダ

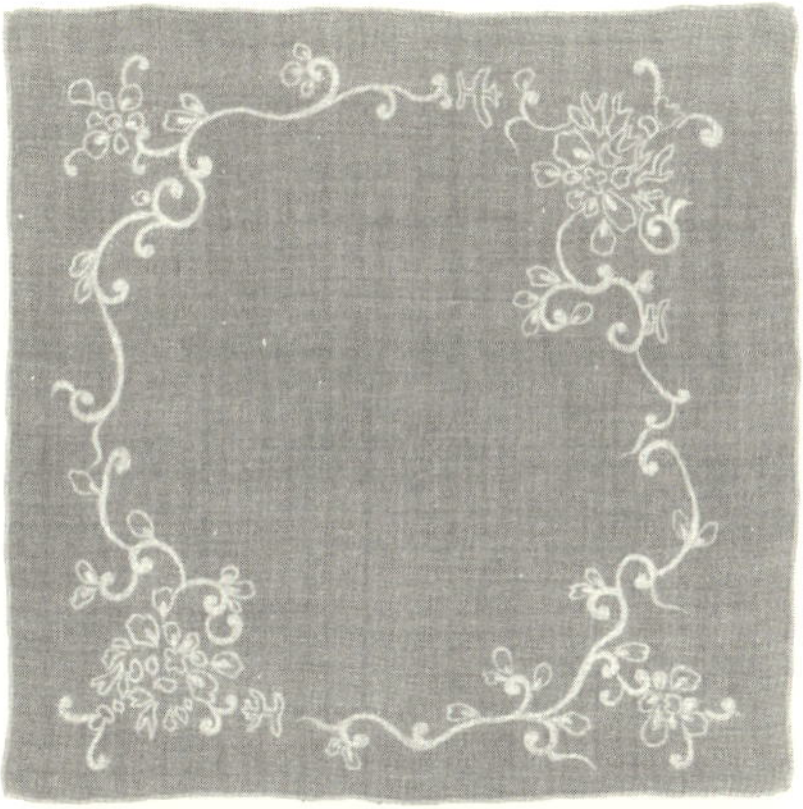

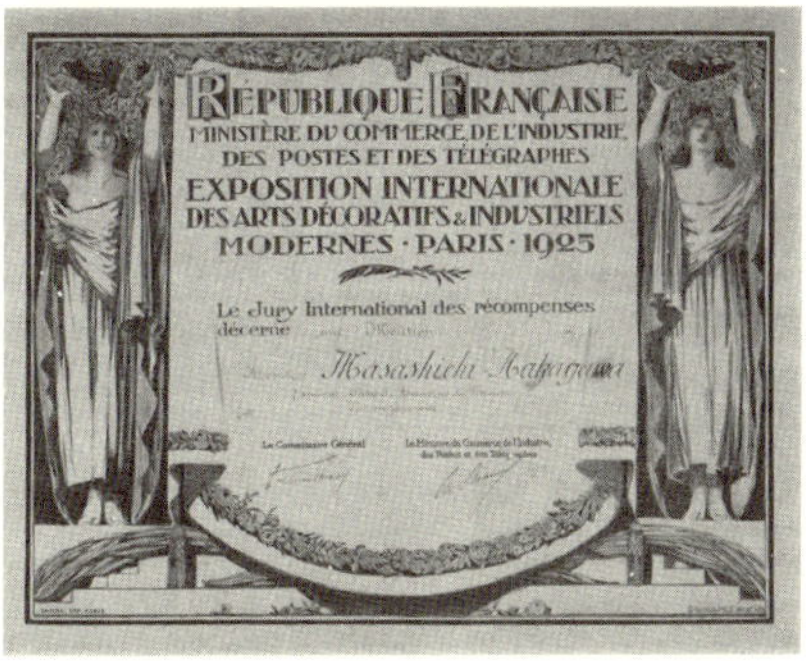


パリ万博に出品した
ハンカチーフと賞状

ンな柄を手刺繍で施したハンカチーフは、今同じものをつくれば一枚数十万円は下らないはずだ。三つの柄のうち唐草文は、二〇〇八年には遊中川の二五周年を記念して、さらに二〇一六年には三〇〇周年記念商品としてそれぞれ復刻させて、おかげさまで人気を呼んだ。

パリ万博が開かれた二〇世紀初頭、ハンカチは高貴さの象徴として、レースや刺繍といった装飾技術が競うように用いられた。しかし、現代では吸水性が高くて皺になりにくいミニタオルやガーゼ地の人気が高い。それどころかハンカチを持たない人も多いらしい。どこに行ってもトイレにはエアータオルやペーパータオルが備えつけられているので、それほど困ることもないのだろう。当然、アイロンがけが欠かせない装飾性の高いハンカチーフは、女性にも敬遠されがちで、市場も右肩下がりが続いている。

しかし、ハンカチが売れない理由は、現代の生活習慣や環境のせいばかりではないと私は思う。欲しいハンカチがないと感じている人も少なくないはずだ。百貨店に行けば今でも一階の目立つ場所に色とりどりの華やかなハンカチがきれいに並べられているが、正直言ってどれも似たり寄ったり。有名なブランドや海外のデザイナーのライセンスものが多く、一見きれいなプリント柄はアイロンがけが必須だし、吸水性もそれほど良くなさそうだ。ギフト用ならともかく、自分で使うとなると、少し考え込んでしまう。

だから、ハンカチのブランドを立ち上げるにあたってまず決めたのは、ノーアイロンで吸水性も良く、愛着をもって使い続けられるものにするということだった。一日持ち歩いて汗や手を拭いてもクタッとならずに、見た目の清潔感も失わない。そう考えると素材はやはり綿や麻で、どちらかといえばプリントよりは織りのほうが適している。

ところが、これが簡単ではなかった。ピンと張った凹凸のない薄手の生地は縫製が簡単だが、厚くてざっくりとした風合いのある生地は、端の処理に技術を要する。これを請け負ってくれる工場を探すのにまず苦労した。しかもオリジナルの生地を織るとなると、ど

自社のアイテムブランド「motta」のハンカチと「2&9」の靴下

うしても製造ロットは大きくなってしまう。織りやすく、小ロットでも商品化しやすいプリントのハンカチばかりが世に出回るのには、こういう事情があったのだ。

だったらうちもプリントにしよう、とはならないのが中川政七商店の中川政七商店たるゆえんである。適正な価格で販売できるように製造ロットを増やしてでも、自分たちが納得できるオリジナル生地でのハンカチをつくることを決めた。リスクをとらずに、良いものをつくることはできないのだ。

新しい定番を生み出すTHEのグラスをつくるときにも同じようなことがあった。新しい形のグラスを量産するには型からつくる必要があるのだが、これが高い。型にかかる初期投資を吸収し、まっとうな価格で売ろうと思えば製造ロットを増やすしかないが、ブランドを立ち上げてまだ何の実績もないのに、最初からまとまった数をつくるのは勇気がいる。

しかし結局、THE株式会社の資本金のほとんどを型代に注ぎ込んで量産することを決めた。出資者と主な意思決定者が同じだからこそできた決断だが、株主が他にいたら難しかったかもしれない。ちなみに、このグラスがヒットしてくれたおかげで、THEは今も元気に事業を継続している。

面倒なことを避けたり、リスクを減らすことばかりを考えていると、そのもの自体に魅力がなくなって、市場もやがてシュリンクしてしまう。MBAのファイナンスの授業では、投資判断の基準として、その事業が生み出す価値を計算するNPV（正味現在価値）などの指標を教えるそうだが、そういうアプローチでは本当に新しい市場や魅力あるものを生み出すことなどできないのではないだろうか。

こういう判断は、最後は勘を働かせて下すよりほかにない。知の巨人とも呼ばれる松岡正剛さんに「中川さんは勉強不足だけれど、判断を間違えない」と評していただいたことがあるが、大事な判断をするときに頼りにするのは自分自身の勘で、それこそが経営者そしてマーケターとしての大事な武器だと思っている。

おかげで、ｍｏｔｔａもグラスと同様に無事に軌道に乗って、当初のコンセプトどおりのハンカチを世に送り続けている。出かけるときにお母さんが「ハンカチ持ったの？」と声をかける日本ならではの光景が、一〇年後も二〇年後も続くことを願いながら。

## 「好き」が大事な理由

松岡さんの評価はありがたいが、もちろん私だって判断を誤ることも時にはある。あのファーストリテイリングの柳井正社長だって「一勝九敗」と言っているぐらいなのだから、失敗の経験のない経営者というか人間なんていているわけがない。

だから普通の経営者は、業績の伸びに陰りが見えたり期待の新商品が空振りしたりすると、つい弱気になって何かしらの理由づけを求めたくなるのだろう。いろいろなデータを組み合わせて分析したり、顧客の声に耳を傾けたりする。一頃盛んにいわれたマーケットインの手法だ。

しかし私は、ものづくりはプロダクトアウトであるべきだと一貫して主張している。こちら側が楽しみながら、本当に好きなものや強い思いを込めたものをつくって提供すれば、それに共感して選んでくれる人は必ずいる。特に今は、インターネットなどを通じて、つくり手の思いや背景を伝えやすい環境があるのだから、たとえ一人でも本気で面白がって取り組めば、それに応える人は必ず現れる。伝わらないのは、つくり手のパッションが足りないのだと思う。

中川政七商店の三〇〇周年記念商品を企画した際にも、そうしたことが問題になった。商品企画のプロである社員から、「これは!」という企画がなかなか出てこないのだ。ありきたりのアイディアが多くて、本人たちが楽しんでいる様子が全然伝わってこない。私としては珍しく、「それでもプロか」と彼らを叱った。

きっと学生に同じお題を出したら、実現可能かどうかはともかく、もっと自由なアイディアが出てくるはずだ。商品企画の社員たちも昔はそれができていたのに、仕事で毎日やるうちに自由さや楽しむ気持ちを忘れてしまうのかもしれない。しかし、経験を積んで、商品に仕立て上げるノウハウが身についても、思いが薄れては何にもならない。

ちなみに三〇〇周年記念商品として、私が出したアイディアが二つ採用されている。一つは日本工芸版モノポリー。世界一メジャーなこのボードゲームに日本の工芸の歴史や産地、そして作品を盛り込むことで、工芸の魅力を大人だけでなく子どもにも発見してほしいと思って企画した。

もう一つは、明治のミルクチョコレートとのコラボレーションで、あのおなじみのチョコレート色のパッケージに中川政七商店の二頭の鹿がちょこっと登場している。ミルクチョコレートとしては初の企業コラボだという。実は私たちも、この企画が実現するまでに、三度も提案しては跳ね返されるという憂き目にあっている。三度目の正直ならぬ四度目の正直でコラボが実現し、三〇〇周年に間に合って本当に良かった。

なぜそんなにミルクチョコレートにこだわるかといえば、自分が大好きだからだ。もちろん有名な専門店のチョコはそれはそれは美味しいが、華麗な見た目やパッケージに劣らず値段もゴージャスで、まあ、言ってみれば美味しくて当然の感もなくはない。

それに対して、明治のミルクチョコレートは控え目な値段で、子どもの小遣いでも気軽に買える。私も小学生の頃、甘いものをあまり好まない母がなぜかミルクチョコレートだけは食べるのが嬉しくてよくおやつに買った。

大人になってこの商売を始めてからは、手頃な価格ながらクオリティを妥協せず、純粋なピュアチョコレートであることに発売以来こだわってきたブランドの姿勢に、勝手にシンパシーを感じていた。ミルクチョコレートは大量生産、私たちの会社は少量あるいは中量生産という違いはあっても、まっとうなものをまっとうな価格で提供しようという姿勢は共通している。

そういうわけで、ミルクチョコレートのファンを自任する私は、コラボが決まるずっと前から店頭に商品が並ぶ日を夢見て、ポップに書く文章まで考えていた。私たちの店に並ぶすべての商品は、こんなふうに「好き」に突き動かされた一人ひとりの想いから生まれている。

## 組織が倒れないギリギリのスピードを見極める

コンサルティングが次々と結果を出して、その流通をサポートする大日本市が注目を集めるようになった二〇一一年頃から、社内の士気や仕事の質にわずかな違和感を覚えることが増えた。もっとできるはずだ、私たちの力はこんなものではないという思いが次第に強くなっていった。

流通やマーケティングの世界で影響のある『日経ＭＪ』紙の一面を飾らせてもらったり、

ANAの機内放送番組に登場したりして、私がメディアに露出する機会も増えた。二〇一二年には共著も含めて二冊の本が出て、工芸に特に関心のない人の間でも中川政七商店の知名度が高まる。展示会を開けば、毎回盛況が約束されるようにもなっていた。外からは、わが世の春を謳歌しているように見えていたかもしれない。

しかし私には、社内の地に足のつかない様子が気になっていた。よそ様のお手伝いをしているぐらいなんだから、うちは当然安泰。誰も口にするわけではないが、そんな空気が流れていた。大きくもないのに、大企業病の予兆が見て取れた。

一番の原因は、私がコンサルティングに注力しすぎたことだった。社内のことはブランドマネージャーや各部門のトップに任せて、よその会社のためにもっぱら頭をひねっていた。ブランドマネージャーをはじめとする上長陣はしっかり育っている、任せて大丈夫だと安心していたのだが、少し過信していたのかもしれない。

初の著書『奈良の小さな会社が表参道ヒルズに店を出すまでの道のり。』の帯に載せる文章を星野リゾートの星野佳路《よしはる》社長に書いていただくために初めてお会いしたときに、「自分ができることを、他の人もできると思わないほうがいい」と言われたことを思い出した。

正直なところ、その当時はピンと来ていなかったのだが、事業が拡大して組織が大きくなるにつれ、自分と同じようにみんなができるわけではない、という当たり前のことを実感させられるようになっていた。みんな真面目で丁寧な仕事をするのだが、おしなべて下に優しく、そのおかげで緩い空気が社内に蔓延しつつあった。

一度、社員を集めてキレたことがある。「日本の工芸を元気にする！」という立派な看板を掲げて、自分のところだけでなく、よその面倒も見るなんて大変に決まっている。みんなそのビジョンに共感してここに集まってくれているはずなのに、その程度の気持ちで、その程度の仕事しかできないなら、とても人さまのお手伝いなんてできない。看板を下ろして、自分たちのビジネスに専念しようか？　こちらを見返す社員たちの強い視線が、それは嫌だと訴えていた。

ビジョンを掲げた当初は、何のことかとポカンとしていた社員たちも、マルヒロやタダフサがコンサルを通じて実際に立ち直る様子を見て、「なるほどこういうことか」とわかってくれるようになった。しかし、それでもまだ「コンサルは社長の仕事で、自分たちには関係ない」と考えている節があった。

それは違う。たとえコンサルに直接かかわっていなくても、メディアなどを通じて商品の魅力を伝えることも、しっかりした販売管理で流通を支えることも、店で販売して買い手の暮らしの中に工芸品を持ち帰ってもらうことも、中川政七商店の社員みんなの仕事がビジョンの実現につながっている――そう折に触れて説明した。

よく知られているが、こんな話がある。城の石垣を積んでいる職人に「あなたは何をしているのか」と質問したら、一人は「見ればわかるだろう。石を積んでいるんだ」と答えた。もう一人は「日本一の城を作っているのだ」と答えた。どちらがより早く、より精度の高い石垣を築けるかは言うまでもないだろう。ビジョンを理解して仕事をするかしないかで、結果が変わる。

コンサルも商品企画も店での接客も、もちろんバックオフィスの仕事も、私たちの会社にビジョンに関係しない仕事は一つもないと言い続けてきたおかげで、ようやく社員みんながビジョンを「自分ごと」として捉えるようになってきたという手ごたえを感じている。

こんなふうに私は、社内の理解度が足りないとか、きちっと固めるべき部分がおろそかになっていると感じたとき、問題を曖昧にしたまま先に進まないようにしている。巨大なピラミッドが石を一つずつ積んでできているように、会社の業績も日々の積み重ねでできている。ピタッとはまらない部分やぐらつきが気になるところがあるのにそれを無視して先に進むと、後々そこから崩れて必ず痛い目にあうことを経験上、知っているからだ。

経営者の役割とは進むべき方向とそこに向かうスピードを決めることだと考えている。ゴールに早く到達できるに越したことはないが、あまりスピードを上げすぎると、社員がついてこられなくなる。早すぎても遅すぎてもダメで、組織が倒れないギリギリの速さを見極めるのは経営者の大事な仕事の一つだと思う。

現状に満足したら、そこでもう成長は止まってしまうので、社内ではよく「現状は三〇点」と言っている。社員はもしかしたら、これだけ走っても三〇点かと思っているかもしれないが、七〇点や八〇点をつけたら、安心してスピードが遅くなりかねない。努力や成長は認めたうえで、力不足なところや改善が必要な点から目をそらさずに、もう一段成長のギアを上げる。大企業病などにかかっている時間はない。

## 果たせなかった親孝行

会社を立ち上げたからには、いつかは株式を上場させたい。そう考えるベンチャー起業家はきっと多いのだろう。私は家業を継いだので正確には起業家ではないが、そんなふうに上場を夢見たことは一度もない。非上場の有名、優良企業はたくさんあるし、株式を公開することが特別に名誉だとも感じない。個人として手にする上場益も欲しくないといったら嘘になるが、それほど執着があるわけでもない。

では、なぜ一度は上場しようと決めたのかといえば、プロローグでも述べたとおり、日本の工芸界を引っ張る一番星になりたいと考えたからだ。それに加えて名実ともに開かれた企業となることで、私の後継者となる人材を広く募りたいという思いもあった。

実は、十四代目の当主は中川家以外から出したいと思っている。私は以前五〇歳で引退すると公言していたのだが（二〇一六年一一月に十三代中川政七を襲名して、これを撤回した。その理由は次章で詳しく述べる）、そうなると残された時間は限られる。その間に「日本の工芸を元気にする！」というビジョンを実現するのはどう考えても難しい。

この大きな挑戦を成功させるためには、ファミリービジネスの枠を超えて中川政七商店を社会の公器とし、時間をかけて取り組んでいくしかない。これも上場を志した理由の一つだった。

しかし、さまざまな制約を伴う株式公開という手段をとらなくても、それがかなう道筋が見えてきて、上場申請を取りやめたのはすでにお話ししたとおりだ。この判断を悔やんだことはこれまでないし、おそらく今後もないだろう。ただ一つの心残りを除いて……。

上場することを決めて、会長である父に報告したときのことが忘れられない。経営方針をめぐって親子が争うファミリー企業もあるが、うちはそういうことが一切なかった。父は、私が家に戻って中川政七商店に入社したすぐ後から、今のうちの主力事業である第二事業部についてはたまに意見を言うことはあっても、最後は私の判断に任せてくれた。

その代わり、業績が伸びてメディアで注目されるようになってもとりたてて褒めもせず、淡々と事の成り行きを見守っているといったふうだった。そんな父が上場については、珍しく手放しで喜んでくれたのだ。

自分で立ち上げたアパレル企業の経営を離れて父が家業に戻った頃は、まだ家族経営の小さな会社だった。麻生地の需要は落ち込む中、茶道具という新規事業を柱に据えることで父はその苦境を何とか打破した。

祖父が亡くなって、これでいよいよ当主になるのだと思ったら、責任の重さに気が引き締まるばかりで、葬儀のときに一滴の涙も出なかったという。その会社がここまで大きくなって上場企業になるのだから、感慨もひとしおだったはずだ。

今でも社内で語り草になっている父のスピーチがある。証券会社、監査法人、そして社内からなる上場準備プロジェクトチームのキックオフ食事会でした締めの挨拶である。

「息子は昔からようできる孝行者で、今までもいい思いをいろいろとさせてもらいました。まさか自分の目が黒いうちに中川政七商店が上場するなんて夢にも思っていなかったから、今度の話を聞いてとても嬉しかった。でも、今までで一番嬉しかったのは、家に戻って家業を継いでくれたことです」

自分の耳を疑った。あれほど戻らなくていい、継ぐなと言っていた父の本音を初めて聞いた気がした。父とは初対面の証券会社の人や、社外取締役になってもらっている山田遊さんも涙ぐんでいる。この話が聞けただけでも上場を志した意味があるかもしれない、と思った。

しかし、本書を頭から読んでくださっている方はご存じのとおり、この話にはほろ苦い後日談がある。それから一年半後、私は上場申請を取りやめる決断を下す。すでに書いたとおり、ポーター賞を受賞したことなどで状況が変わり、上場しなくとも優秀な人材を採用できるようになってきたからだ。

自分としては、しごく論理的に考えた結果の決断だった。しかし、上場よりも家業を継いでくれたことが嬉しいと言いながらも、喜びを隠せない様子でいた父をがっかりさせるのは目に見えていた。でも、決めた以上は報告しなければならない。意を決して電話で伝えると、「そうか。おまえが決めたならそれでいい」と思いのほかあっさりとした返事が返ってきた。肩の荷が下りた気がした。

しかし、その考えの甘さをすぐに思い知ることになる。次の日から毎朝、父の電話攻撃を受けることになったのだ。さまざまな方法や選択肢を挙げて、上場申請中止を翻意させようとする。それらはいずれも私自身がすでに検討したものだったのでそう伝えると、「わかった」と言って電話は切れる。別に納得したわけではなく、別の手を考えるためだ。そしてまた翌朝、電話が入って昨日と違う可能性を提示される。それも考えたと答えると、「あぁ、そうか」と言って電話を置く。これが三日続いた。

父はその頃、癌を患っていて、それほど長くはないことを医師から聞かされていた。上場申請を取り下げたことを後悔しているわけではないが、あんなに喜んでくれたのに最後の親孝行ができなかったことだけは本当に残念に思う。

最近改めて、社長になったときに父から言われた「何ものにもとらわれるな、事業を続けることを第一に考えろ」という言葉の意味を考えている。私はやるべきことをやることが先で、その結果、中川政七商店が社会に必要とされて存続し続けるのが理想だと思うので、父の考えとは似ているようで少し違う。

しかし、三〇〇年にわたり、父までで総計一二人の当主が懸命に戦って商売を続けてきたからこそ、今の中川政七商店があるのは動かしようのない事実である。バトンを受け継いだ一三人目の走者として、父の言葉を重く受け止めている。

三〇〇周年のオブジェとして制作した二頭の鹿。左は先端技術、右は伝統工芸の技法を駆使し、「新旧の対比」を表現した

# 第六章 三〇〇周年を迎え撃つ

## 「大仏商売」が招いた負のサイクル

二〇一三年、中川政七商店の新しい挑戦、「日本市プロジェクト」がスタートした。近いようで遠い関係にある全国の土産物をつくるメーカーと、地元の土産物屋さんの間に私たちの会社が入ることで、その土地ならではの、その土地でしか買えない土産物をつくって、工芸品の地産地消モデルを確立しようという試みである。

ところで、土産物と聞いて皆さんはどんなイメージを持つだろうか？　旅行に行ったのが知られていれば手ぶらでは帰れないので、空港や駅の売店に慌てて駆け込む。去年の九州も今年の東北も売っているものは、それほど代わり映えしない気もするが、とりあえず必要な数だけ買って配る。そんなふうだから、もらう側にまわっても大した期待はない。こんなところが土産物に対する一般的な印象ではないだろうか。いつから土産物は、こんな残念な存在になってしまったのだろうか。

諸説あるが、土産のルーツは伊勢参りの「宮笥《みやげ》」にあるとされる。その昔、庶民にはなかなか手が届かなかった伊勢神宮への参詣をかなえるため、人々は「講《こう》」と呼ばれるグループをつくり、お金を出し合って代表者を伊勢へと送り出した。代表者は餞別をもらう代わりに、お札を貼る板である宮笥を、講のみんなに買って帰った。贈るほうにとっても受け取る側にとっても、旅への思いが詰まった大事なものとして土産は始まったのである。

義理堅い日本人のことだから、旅と土産は切っても切り離せない関係にある。観光土産の市場は約三兆六〇〇〇億円で、これは三〇年前とほとんど変わらない数字だという。変わったのは食品とそれ以外のものの比率である。三〇年前はほぼ同じぐらいだったのが、現在では食品が八に対して非食品は二と、その割合を下げている。旅に出たら土産物を買うという習慣はそのままに、食品以外のものを買わなくなったことがわかる。

ここからは推測になるが、買いたいと思える食品以外の土産物がないのだと思う。地方の「道の駅」はどこも盛況だ。その土地でとれた生鮮品やそれを地域の企業が加工した食品を、荷物が増えるのも気にせずに買い込む旅行者の姿が目立つ。

その一方で、人形、置物、衣類、食器類といった食品以外の品物は、店の隅でほこりをかぶっている。もしかしたら何年もここで時間を過ごしているのではないかと勘ぐりたくなるほど、年季が入ったものもある。

センスも品質もお世辞にも良いとはいえないし、どこにでもあるキャラクターものに地名を入れただけの安易なつくりのものや、「メイド・イン・チャイナ」と堂々と書かれているものもある。これでは人にあげるのは気がひけるし、もちろん自分で買って帰ろうとも思わない。

よく探せば土産物の中にも、地域に伝わる手仕事の技術を使った民芸品や雑貨などの面白いものが見つかることもある。伝統工芸品と呼ぶほど肩ひじ張ったものではないが、長く愛されてつくり続けられてきたのがうなずける愛らしさや素朴さにあふれている。でも、それはほんの一握りにすぎない。

売れないからつくり手がどんどん減って、地元の土産物屋も、誰が何をつくっているのかほとんど把握できていない。わずかに残ったつくり手も趣味でつくっているようなものだから、売れ行きに関係なく、つくりたいものを自分のペースでつくるので、品揃えや流通量も安定しない。

そうなれば、土地ならではのものを置きたいと願う心ある土産物屋があったとしても、大方の商品は卸売業者からの仕入れに頼らざるをえない。その結果、その土地でつくられた「本物の」土産物がなくなって、ますます売れなくなる――こういう悪循環が繰り返されている。

嘘のような話だが、ある土産物専門の卸売業者のカタログでは、商品が「ハイライト」の大のタバコ箱と並んだ写真が使われているそうだ。今時の喫煙率を考えればハイライトの大きさは基準になりにくいと思うのだが、もしかしたら何十年も前から同じ商品の、同じ写真を使い続けているのかもしれない。企業努力はいったいどこにいってしまったのだろうか。

しかし、多くの土産物屋はこうした卸売業者から商品を仕入れる。わざわざ手間をかけて良い品を探さなくても、旅行者は買ってくれると思っているからだ。こうして、隣の店でも、そのまた隣の店でも同じ品が同じ値段で売られているという不思議な光景が、どこの観光地に行っても見られることになる。それでも、そこそこ売れるのだから始末が悪い。

こうした状況を言い表す「大仏商売」という言葉がある。大仏さまのおかげで、参道に並ぶ観光客相手の商店や飲食店はさほど努力をしなくても商売を続けていける。あぐらをかいて待っていればお客が来てくれるので、大仏商売と呼ばれるようになったのだ。

まじめな商いをしなくても、そこそこ売れる。おかげで食品以外の土産物の質はどんどん下がって、旅行者が買いたいものがなくなり、土産物市場における工芸品の需要がどんどん先細る。こういう負の連鎖が、おそらく日本全国の観光地で起きているのだと思う。今の土産物業界の苦境は、業界自体がつくり出したものだといえるだろう。

## 土産物のすごい可能性

こうした土産物をめぐる現状を工芸品の世界から見ると、また違った意味を持つ。土産物市場全体の三兆六〇〇〇億円の半分を昔のように非食品に戻すことができたら、それだけで一兆八〇〇〇億円の市場規模になる。食品以外の土産物のうち何割かでも工芸品で占

めることができれば、市場規模は一気に拡大する。つまり土産物は、工芸品の出口として
きわめて大きな可能性を秘めているのだ。

規模だけではない。工芸というとなんだか縁遠く感じる若い人や、これまで和の雑貨に興味のなかった人でも、土産物なら、旅先で気に入ったものがあれば一つ買ってみようかと思ってもらえるはずだ。それがきっかけとなって、次はいつも買い物している街や店でも、工芸品に目が行くようになる。そういう意味では土産物は工芸品の入口としても筋がいい。しかも日本全国、あらゆる観光地や人が集まるところに土産物屋はあるのだから、日本の工芸を元気にするために、これほどおあつらえ向きのものはそうはない。

問題は心ある工芸のつくり手と土産物屋をどうつなげるか、である。遠くよそから仕入れたものを売ったのでは、これまでと変わらない。地域のメーカーの手による土地ならではの工芸品を、地元の土産物屋が売る地産地消が本来の姿だ。しかし、両者は物理的には近くても、商売上の接点はないし、そもそもお互いの存在さえ知らないことも珍しくない。だから、これをつなぐ役割を私たちの会社が引き受けて、需要と供給の小さな循環モデルをつくろうと考えた。

メーカーには商品企画とデザインを提供し、良い土産物になる工芸品をつくってもらい、それを中川政七商店が買い上げて土産物屋に卸す。土産物屋にはオリジナル商品の開発だけでなく、販促や店舗運営のノウハウも提供する。適正な額で適正な量を買い取ることで、

メーカーは事業として土産物づくりに取り組むことができるし、土産物屋は在庫リスクをとらずに集客と売上げアップを図れる。そしてもちろん旅行者も、そこでしか買えない本物のお土産が買える。

売る人、つくる人、訪れる人という土産物をめぐる三者が、中川政七商店がそこに入ることで少し幸せになる。これが日本市プロジェクトである。一緒に地元の良い土産物づくりに取り組むパートナーショップのことは、親しみを込めて「仲間見世」と呼んでいる。

函館空港の仲間見世「函と館」。
地元の伝統や工芸に根差した土産物を販売している

## 日本市プロジェクトの流れ

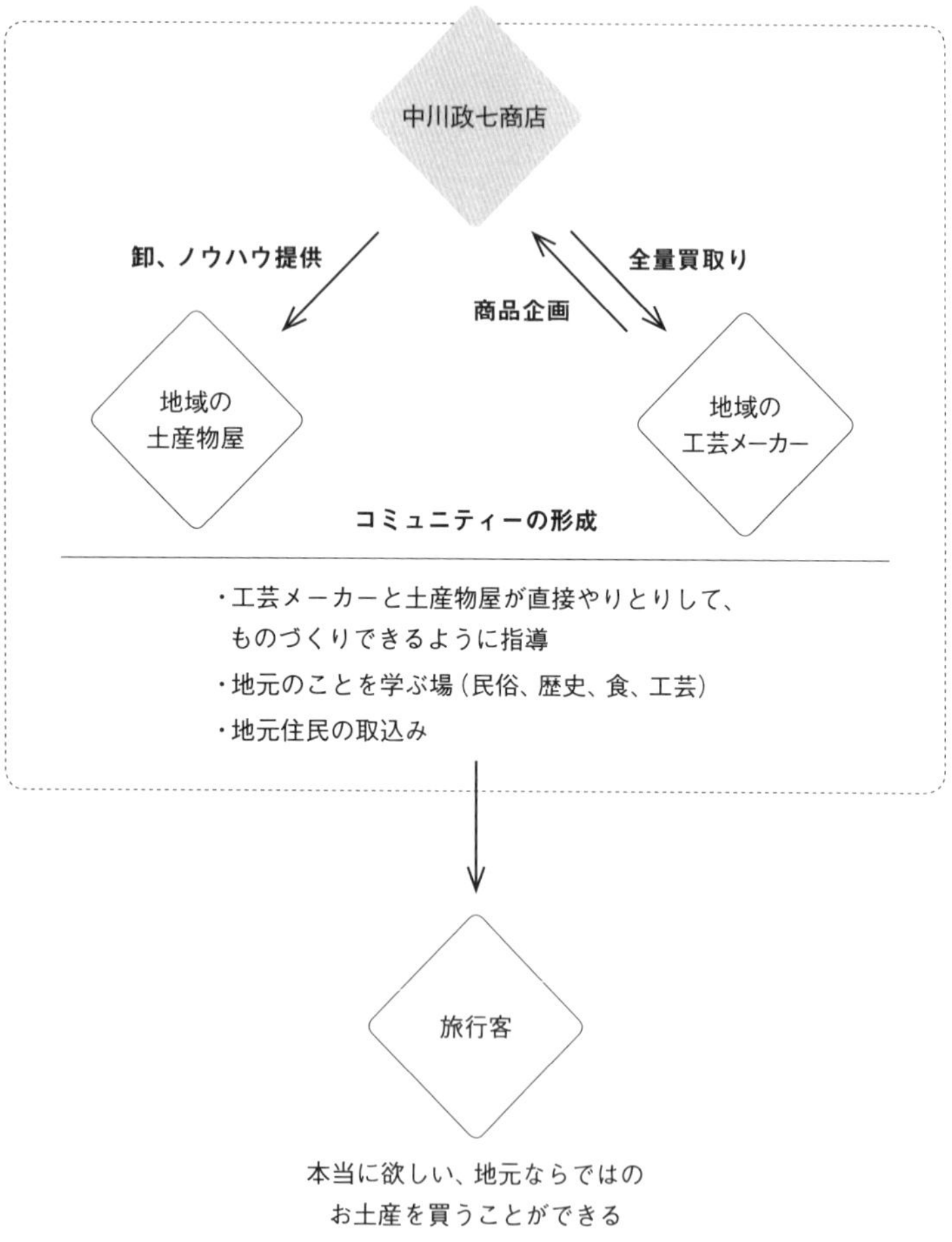

仲間見世の第一号店は、太宰府天満宮の中にある。以前からあった観光案内所をリニューアルするのに合わせて、併設の土産物屋の商品開発、運営、接客、売り場演出などを中川政七商店がサポートした。太宰府名物の梅と、その年の干支をモチーフにしたアニュアリー・テキスタイルをバッグやポーチなどの小物に仕立てたほか、福岡の地元工芸である博多水引の祝儀袋などを開発した。売上げはリニューアル前の六倍にまで伸びた。

仲間見世は出雲大社前、金沢、城崎温泉、函館空港、伊勢神宮前と増えて、近く鎌倉にもオープンする予定だ。この他に、私たちの地元である奈良や羽田空港内などに六つの直営店も出している。全部直営店にして自分たちでやればいいという意見もあるかもしれないが、土産物がそうであるように、それを売る店も土地に根づいて昔から商売をしてきた地元の人が経営にあたるべきだと私は思う。

商品企画やものづくりにおいても、最初は私たちがノウハウを提供して全面的にサポートするが、土地の個性を最大限に引き出すためには徐々に自立してもらうのが望ましい。良いモデルケースになるのが、五号店となった函館空港内の仲間見世を運営する函館空港ビルデングの社員の方たちだ。

それまでターミナルビルの施設管理や経理などのお堅い仕事をしていた彼らが、ワークショップを通して基礎を学び、私たちと一緒に実際に商品企画やデザインを手がけることで、みるみる力をつけていった。今ではマーチャンダイジングから考えて、次はブレーンストーミングで揉んでと、商品開発にかかる一通りのことをこなせるようになり、地元の工芸メーカーとのパイプもできて、自分たちの力でものづくりと、もの売りを続けていける態勢が整いつつある。

地方創生などという大層なことをめざしているわけではないが、土産物を通じて地域の工芸メーカーを元気にして、その結果、地域に活力が生まれるなら、私たちも嬉しい。

仲間見世を一〇年で一〇〇店までに増やすと社内で発表したら、かすかなどよめきが起こった。「本気か？」と「誰がやるのか？」が混じったものだと解釈しているが、もちろん私は本気も本気。十分に実現可能だと考えている。

「仲間見世」の看板を見かけた旅行者が、「何かいいお土産が買えるかもしれない」と期待に胸を膨らませて店をのぞく。そんな光景が日本全国の観光地で見られるのは、きっとそう遠い日のことではないと思う。

## ラグジュアリーブランドの可能性

工芸の世界をピラミッドになぞらえれば、単価は低いが数が出る土産物は裾野の部分に当たるだろう。地方でつくったものを地方で売る地産地消モデルで、暮らしの中にある身近な存在だ。中川政七商店や遊中川、それに2&9やHASAMIなどは中層部分に位置づけられる。特定の産地や日本各地でつくったものを国内で売る。ここまではどちらも基本的には国内需要を国内供給でまかなう形になる。

では、頂上に位置する工芸品のブランドはどこかというと、はたと考え込んでしまう。近いところではエルメスやルイ・ヴィトン、時計ならパテックフィリップあたりが相当するのだろうが、日本の工芸の世界でこれらに匹敵するものがあるかというと思いつかない。

金工、陶芸、木工芸、漆芸など、日本が世界に誇る工芸技術は枚挙にいとまがないが、神社仏閣などで目にするほかは、アートとしてごく一部の好事家が購入したり、マンダリンやアマンなどの高級ホテルが日本に進出する際に調度品やアート作品として配されるぐらいで、需要先はごく限られている。

エルメスやルイ・ヴィトンがそうであるように、経済的にゆとりのある人がその価値を認めて、手元において楽しむ。そういう日本発のラグジュアリーブランドが工芸の世界から生まれてもいいはずだ。この三、四年、ピラミッドを眺めながらそんなことをずっと考えている。

そもそも工芸に限らず、アパレルや宝飾品の分野でも、これが世界で認められた日本発のラグジュアリーブランドというものが見当たらない。その理由を私なりに分析すると、一番は経営と資本とクリエイティブが分離されていないことにあるのではないだろうか。

たとえば、ルイ・ヴィトンやディオールは、早い段階で経営やクリエイティブが創業家や創業者の手を離れることで、経営を安定させるとともに、デザイナーやクリエイティブディレクターに常に新しい才能を取り入れて輝きを維持している。

その一方で、創業家や創業者のアルチザンあるいはアーティストとしての哲学や価値観は、ブランドの核として受け継がれていて、その時々のクリエイティブディレクターやデザイナーが時代にあった形でそれを表現している。そう考えると、ラグジュアリーブランドをラグジュアリーブランドたらしめているのは価格や希少性ではなく、ブランドそのものが生まれ持った哲学や価値観であることがわかる。

日本にも世界に誇るファッションブランドはあるが、ブランド名でもあるデザイナー自身が引退した後をどなたが引き継ぐのか、門外漢の私にはなかなか見えにくい。もしかしたら、経営と資本とクリエイティブが十分に切り離されていないことが関係しているのかもしれない。この点が解決できれば、日本のブランドはピラミッドの頂点を十分に狙えるはずだ。

現に日本の工芸界には、技術だけでなく、世界を魅了するに十分な哲学や価値観を持った方はいる。たとえば、染織家で人間国宝の志村ふくみさんだ。化学染料を一切使わずに草木の自然染料だけで糸を染め、手機《てばた》で布を織り上げる志村さんの「いのちをいただいて色にする」という独自の哲学は、自然とともに生きることを忘れた現代人を強くひきつけている。

自然を人間の力で制御しようとする西洋と、畏敬の念を持って寄り添い、その恵みをいただきながら調和しようとする日本。自然観の違いは、そこで育まれる文化の違いとなる。茶の湯や日本庭園に見られる自然の美しさを生かす美学が世界の中で独自のポジションを得て、支持されているように、志村さんの染織もまた、日本が世界に向けて打ち出すにふさわしい価値だといえる。

実は、志村ふくみさんのお孫さんで、ふくみさんの染色の世界を学べる「アルスシムラ」を運営する志村昌司《しょうじ》さんから、ブランディングについて一度相談をいただいたことがある。いくつかの可能性についてお話ししたが、私が最も強く推したのは日本発のラグジュアリーブランドとして世界に発信するというものだった。志村さんの自然を織り込んだ深く多様な色とそれを支える哲学は、世界でも並ぶものがない。ラグジュアリーブランドとしての地位を確立することは十分に可能だと判断したからだ。

ただし、ブランドとして成立させるためには、グッチにおけるトム・フォードや、イヴ・サンローランにおけるエディ・スリマンのように、ブランドの哲学や価値観を実用的なクリエイティビティに変換するデザイナーやクリエイティブディレクターの存在が欠かせない。残念ながら、志村さんの件ではこのクリエイティブディレクター選びが難航し、ブランドが始動するところまでこぎつけることができなかった。

クリエイティブディレクター選びを任されていた私の力不足を、まずは率直に認めなければならない。省みるに、これまでに経験のない頂上ブランドへの挑戦を前に肩に力が入りすぎていたのかもしれない。裾野や中層部分のブランドでは自分でも納得のいく実績を残すことができている。次は頂上ブランドだと意気込んだのが裏目に出てしまったというところだろうか。

相手先の経営基盤を十分に理解したうえで、無理のないところから一本ずつヒットを重ねて得点につなげ、チーム力も向上させる。普段のコンサルティングで常に強く意識していることが、このときはいつもどおりにできなかった。ヒットを連打することで、周囲から次はホームランだと期待されていると勝手に意識してしまっていたのかもしれない。大いに反省をしなければならない。

ただし、日本初のラグジュアリーブランドをつくることをあきらめたわけではない。それどころか、思いは強くなるばかりだ。

「失敗に学ぶ」のが私は好きではない。「失敗からは何も学ぶことはない」というのが、司法試験の勉強に二年間を費やして断念したときに得た教訓である。だからそれから後は、失敗しないようにしている。

と言っても、もちろん全部が全部うまくいくわけではない。ここでいちいち書き並べることはしないが、遊中川でも中川政七商店でもうまくいかずに撤退したラインやプロジェクトは当然ある。だから、その時点を切り取れば、失敗ということになるのだろう。日本初のラグジュアリーブランドづくりも、現状はこの段階にある。

でも、あきらめてやめてしまわない限り、失敗は確定しない。反省を生かして、戦略を立て直して、戦術を検討する。そうすれば次は成功するかもしれない。またダメならチャンスを待って、もう一度挑戦する。こうやってしつこく続けていけば、つれない成功の女神もいつかは微笑んでくれるはずだ。工芸のピラミッドを登りきるまで、試合を終えるつもりはない。

## 三〇〇周年の記念プロジェクト

中川政七商店は、二〇一六年に創業三〇〇周年を迎えた。初代の中屋喜兵衛が奈良晒の問屋業を起こしたのが一七一六（享保元）年で、以来営々と手績み手織りの麻生地を商い続けている。私がかかわったのはそのほんの一部、わずか一五年ほどだが、二〇〇八年からは社長として会社を率いている。

会社の寿命は二〇年とも二五年ともいわれる中、三〇〇年にもわたって商売を続けてこられたのは、これまで中川政七商店にかかわっていただいたすべての方のおかげである。

改めて心からお礼を申し上げたい。

長寿だから良いわけではないが、ここまで続いてきたのは何らかの形で使命を果たしてきたからだろう。次の一〇〇年も社会に必要とされる存在であれば、きっと四〇〇周年を迎えられるはずで、十三代目当主である私には、そのためのグランドデザインを描くという重い責任が課せられている。だから、三〇〇周年を単に祝うのではなく、二〇一六年は次の一〇〇年につながる一年にする。そう決めていた。

周年事業というと、社史を出したり記念イベントを開催したりするケースが多いが、そういう打ち上げ花火的なものは私たちの会社には必要なかった。何のために三〇〇周年記念事業をやるのかといえば、その目的は一人でも多くの人に「日本の工芸を元気にする！」という私たちのビジョンを知ってもらうこと、そして、多くの人に工芸を知ってもらうきっかけをつくることだ。そのために一〇〇年に一度の機会をどう生かすか、そこからすべての計画が始まった。

二〇一三年秋、社内の公募で集まった精鋭七人で、まずはどんなプロジェクトをやりたいか、やるべきかのブレーンストーミングが行われた。すると出てくる、出てくる、アイディアが止まらない。しかも、どれも捨てがたい。結局、二〇もの記念プロジェクトを進めることになってしまった。さすがに多いとも思ったが、そのすべてが「日本の工芸を元気にする！」に、直接的、間接的につながっている。ならば全部まとめてやるしかないと、

300周年プロジェクト相関図

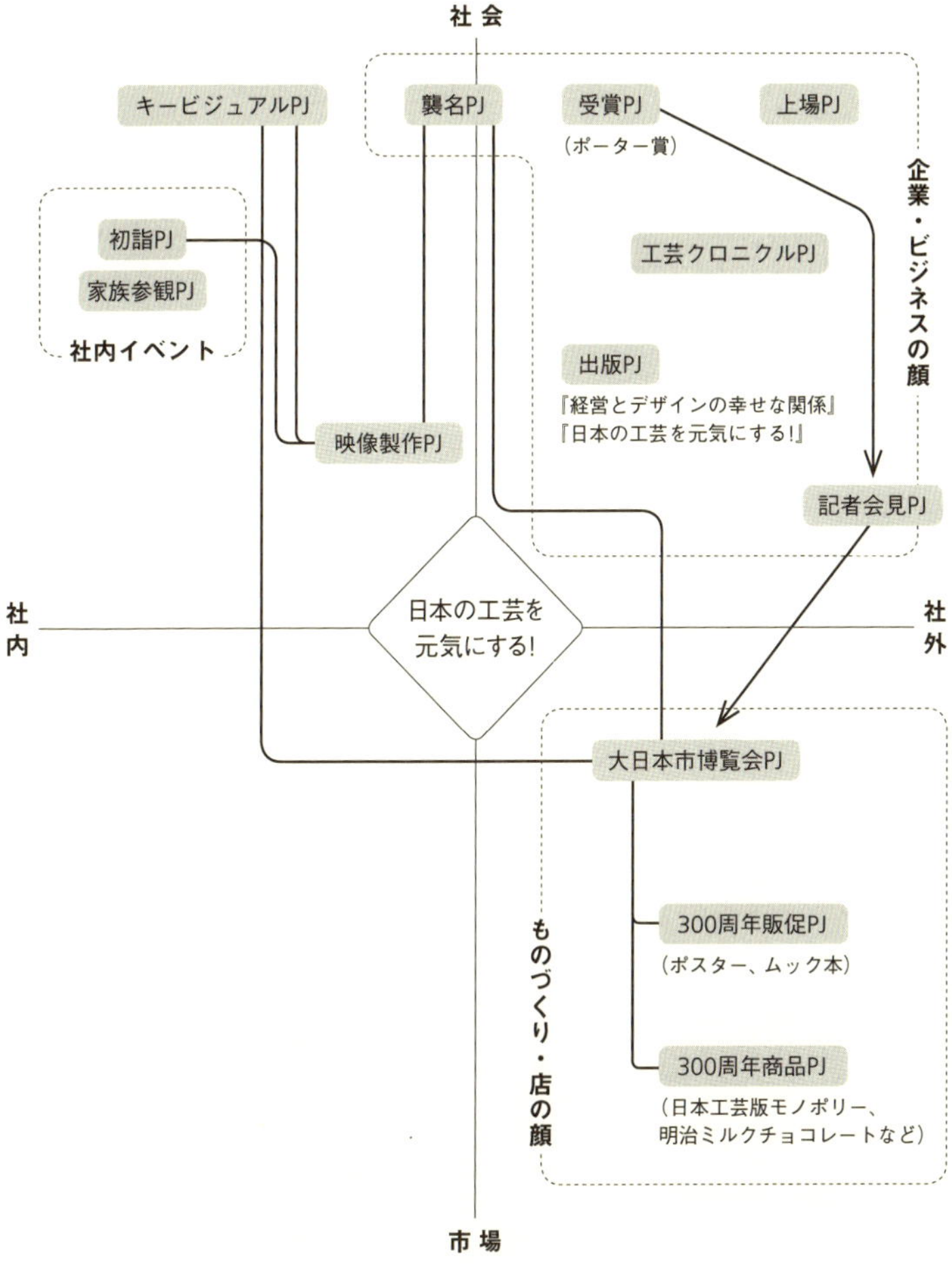

腹をくくった。

すべてのプロジェクトに通底するコンセプトは、「新旧の対比」である。古きを訪ねて新しきを知る温故知新の精神で工芸の未来を拓くという私たちの決意を表した。

記念プロジェクトを決めるときにイメージしたのは、三〇〇周年の記者会見の席だ。少しでも多く記事にしてもらって人の目に留まるためには、記念事業の内容と同時に画のインパクトが欲しい。そこでアイキャッチになるキービジュアルを考えることにした。中川政七商店といえばロゴの二頭の鹿である。水野学さんに三〇〇周年用のマークをお願いすると同時に、おなじみの二頭の鹿を模した記念オブジェを作成することにした。

一体は一刀彫や象牙べっ甲細工をはじめとする奈良の伝統工芸の数々を駆使して製作した「旧」の鹿、もう一体はこれをもとに3Dプリンターなどの先端技術を駆使して、彫刻家の名和晃平さんがディレクターを務めるサンドイッチ（SANDWICH Inc.）が造形した「新」の鹿だ。

社史はいらないが、工芸の歩みが俯瞰できるものは欲しい。それも小難しくなく、目で見て楽しみながら少しだけ知識を得られるようなものがいい。そこで工芸の年代記（クロニクル）を編むことにした。と言っても、私たちの力だけではとうていつくれるようなものではない。そこで、あの松岡正剛さんに相談することにした。

しかし、工芸の歴史をただ振り返っても教科書的でつまらない。産地と工芸メーカーの経済的自立をめざす中川政七商店がつくるのだから、ビジネスモデルという切り口から工芸の変遷を振り返ろうという話にいつしかなり、それを時代絵巻のように目で追える屏風絵に仕立てることになった。絵は江戸研究家でイラストレーターの善養寺ススムさんにお願いすることにした。

二年の歳月をかけて完成した屏風絵は、豪華絢爛でありながら、至るところに学びがあり、細部にはクスッと笑える仕掛けもある、世界に二つとないものになった。

## 盛岡の空にアドバルーンが上がった

さて、次はメディアを通してではなく、一般の人に工芸をいかに身近に感じてもらうかだ。そこで大日本市博覧会と題して、工芸と出会い、学び、体験するイベントを全国の工芸産地で開催することにした。

土地の工芸品が買えるマーケットのほか、トークショーやワークショップなどを開催し、工芸をじかに見て、触れてもらう内容である。もちろん工芸クロニクルも巡回して展示する。二〇一六年は一月の東京を手始めに、岩手（盛岡）、長崎（波佐見）、新潟（三条）、奈良の五都市を巡回した。

日本の工芸が元気になるためには、産地が経済的に元気になるのと同時に誇りを取り戻す必要があるが、地元における工芸の評価こそ必ずしも高くはない。あまりにも当たり前に昔からそこにあるので、価値が見えにくくなっているのだろう。私たちのようなよそ者が乗り込んでいって、「これが素晴らしい！」と再評価すれば地元の人も悪い気はしないし、改めて土地の工芸の良さを再発見する。大日本市博覧会をそのきっかけにしたいと考えた。

そんな中で、東京だけは少し位置づけが違った。東京ミッドタウンの地下一階のほぼ半分をジャックして、元サッカー日本代表の中田英寿さん、水野学さん、山田遊さんと私のトークショーを開催したり、プラントハンターの西畠清順さんとコラボレーションした工芸と植物の新ブランド「花園樹斎《かえんじゅさい》」のデビューを記念した限定ショップなども開いた。今の中川政七商店にできる最大の花火を打ち上げるという目論見どおり、多くのメディアでも紹介されて、第一回目の大日本市博覧会は大成功のうちに幕を閉じた。

ところが、意外な伏兵が現れた。盛岡市で開催した岩手の博覧会が、来場者数と物販の販売額で東京を大きく上回ったのだ。しかも、開催期間は東京の五日間に対して三日間しかなかった。

実は岩手は当初、苦戦が予想されていた。波佐見にはマルヒロ、三条にはタダフサという大日本市メンバーがいるし、奈良は私たちのホームグラウンドである。そんな中で盛岡だけは何の地縁もなかった。だから、一年以上の時間をかけて準備をしたのだが、まさかあれほど大盛況になるとは、ただ一人のスタッフを除いて社内の誰も予想していなかったはずだ。

そのスタッフとは、岩手の大日本市博覧会を任された三〇歳そこそこのプロジェクトリーダー、井上公平君である。彼自身、盛岡とは何のつながりもなかったが、単身乗り込んで、少ないつてを頼って地元のデザイナーさんを紹介してもらい、地域の銀行や商業施設の協力をとりつけ、そこから工芸メーカーにも切り込んでいった。

県内のメーカー二社と共同開発商品をつくったほか、新渡戸稲造も通ったという老舗レストラン「公会堂多賀」で岩手県浄法寺の漆器で食べる特別メニューを提供してもらうなど、まさに工芸のお祭りと呼ぶにふさわしいバラエティーに富んだ内容を実現した。

地元のカルチャー誌の協力を得て、市内の雑貨店、書店、パン屋さん、ギャラリーなどで博覧会連動イベントを開催したり、ものづくりの名所や観光スポットを紹介するマップを作成するなど、訪れた人が博覧会だけでなく盛岡の街をめぐり歩く仕掛けも施した。私が言うと自画自賛になってしまうが、地元の人もあの三日間は、盛岡の街がいつにも増して活気づいたと認めてくれるのではないだろうか。

会社としての博覧会像はもちろんあったが、プロジェクトリーダーが「自分はこういうものをやりたいんだ！」という強い思いを持って臨んだからこそ、あれだけ内容の濃いものにすることができたのだと思う。人は好きなことや得意なことをやらせると、本当に力を発揮する。改めてそう実感した。

その彼が「どうしてもこれだけは！」とこだわったのが、本会場となった九〇年の歴史を誇る岩手県公会堂からアドバルーンを上げることだった。初めて聞いたときは「うん？」と思った。料金も決して安くはないし、効果のほども定かではない。しかし、彼は譲らない。「好き」を大事にする会社のこと、そこまで言うのならと、結局、当初案では二つだったのを一つに減らして、上げることにした。

結果は大正解だった。地元の人にとても喜ばれたのだ。聞けば、数年前に閉店した地元の老舗百貨店の屋上からはいつもアドバルーンが上げられていたそうで、みんな懐かしがってくれた。本当のところを言うと期間中は風が強く、建物の形状の問題もあって、アドバルーンは結構な割合でどこかしらに引っかかっていて、きれいに上がっていた時間はそれほど長くはなかった。それでも、盛岡の空にアドバルーンが帰ってきたことに意味があったのだと思う。

ちなみに井上君は、盛岡の街とアドバルーンをめぐるストーリーについては、当日まで全く知らなかったそうだ。彼の博覧会にかける意気込みと情熱が引き寄せた幸運だったのかもしれない。

井上君は二〇一六年の政七まつりで政七大賞に輝いた。先にも言及したが、政七まつりは年に一度、全社員が参加する社員納会のような行事で、店舗数が一〇を超えて社員数も急激に増えていた二〇〇七年に、ベクトルを合わせる必要性を強く感じて始めた。今会社に何が必要か、どうすれば理想に一歩でも近づけるかを楽しみながら考えるグループワークを中心に、ゲストスピーカーによる講演なども行う。なかでもひときわ盛り上がるのが政七大賞である。

「今年最も会社に貢献した人」を社員同士が投票して選出する。一応、私や上長陣の票は少しだけ重くカウントされるのだが、基本は多数決なので、自分が考えていたのと違う社員が選ばれることも稀にあるし、年によっては票が割れることもある。しかし、二〇一六年は文句なしの大差をつけて井上君に決まった。

経営企画室に所属する彼は、私の直属の部下でもある。もともと潜在能力は高いのにちょっとした取りこぼしが時折あって、伸びしろの大きさでは社内でも一、二を争う存在だった。それが岩手の大日本市博覧会をきっかけにひと皮むけて、また新しい目標を掲げて成長の階段をスピードを上げて昇っている。人はあるとき、驚くほど成長する。

明治・大正時代の政治家で、南満州鉄道初代総裁や関東大震災後の都市計画で知られる後藤新平は「金を残すは下、事業を残すは中、人を残すが上」という有名な言葉を残している。なるほどそのとおりだと思うが、人を育てることなど本当にできるのかという、率直な疑問もある。人が劇的に成長する様子は、これまで何度も見てきたが、そこに直接かかわった感覚は私にはない。

結局、人は誰でもいろいろな人とかかわり、影響を受けながら、自分で考えて試行錯誤しながら、成長するしかないのではないだろうか。だから、成長を直接促すことはできなくても、その人とかかわることで、間接的に成長にかかわる。つまり、「近くにいること」が大事なのだ。最近になってようやく、人を育てる、人が育つということの本質が、ぼんやりとではあるが、見えてきたような気がする。

政七まつりを始めて九年が経ち、「日本の工芸を元気にする！」というビジョンの共有は格段に進んだと思う。しかしそのうえで、各社員が自分なりのビジョンや目標を明確に持てているかといえば、まだまだと言わざるをえない。

第五章で述べた石積みの話にたとえれば、より早くより強い石垣を築いて領内の人たちを守るという目的意識と同時に、人々から頼りにされる三国一の石積み職人になりたいという自分自身の目標が定まれば、その成長のスピードと力強さは、チームのビジョンだけのときとは比べものにならないはずだ。

政七大賞の投票などを通じて各社員が、自分は成長しているのか、会社のビジョンとつながる自分だけのぶれない目標が見えているのかを考えるきっかけにしてほしい。

## ポーター賞を獲りにいく

これまでに何度か話題に出たポーター賞の受賞も、実は社内では三〇〇周年記念事業の一環として位置づけていた。二〇一五年一〇月に発表される第一五回ポーター賞を受賞できれば、同じ年の一一月に予定している三〇〇周年記念記者会見に花を添えることができる。誠に失礼ながら、そんなシナリオを描いたのである。

一橋大学大学院国際企業戦略研究科が運営するポーター賞は、経営戦略論の泰斗マイケル・ポーター教授の名を冠したもので、独自性のある戦略で優れた業績を上げる日本企業に贈られる。過去にはキヤノンやセブン-イレブン・ジャパン、ファーストリテイリング、星野リゾートといった、錚々たる企業が受賞している。それを三〇〇周年のタイミングで都合よく取ろうというのは、普通に考えても簡単ではない。中川政七商店にとってこの賞を狙うというのだから、難しい挑戦となるのは明らかだった。

しかし、私には勝算があった。ユニークな戦略というのなら、工芸業界初のSPA業態を確立した中川政七商店には十分に手を挙げる資格がある。「日本の工芸を元気にする!」というビジョンを実現するために、工芸メーカーと産地が経済的に自立して、ものづくりの誇りを取り戻せるように業界特化型のコンサルティングも行っている。

戦略にブレはなく、直営店と大日本市メンバーを中心とするメーカーの自立と成長を助けるプラットフォームの存在や、土産物市場に注目した日本市プロジェクトといった、戦略を可能にするイノベーションも存在する。ポーター賞の選考基準や過去の受賞理由などを読むにつれ、取れない理由が見つからなくなった。だから賞に応募する大企業が、経営企画部を中心にチームをつくって時間をかけて書き上げると聞く応募書類も、私と数人でわりとスラスラと書けてしまった。

そんなわけで受賞が決まったときも、もちろん跳び上がるほど嬉しかったが、驚きはなかった。しかし、後で審査関係者の方に聞いたら、普通はなかなか一回では取れず、何度か挑戦するケースが多いらしい。三〇〇周年に間に合ったことを感謝しなければならない。

さらに翌二〇一六年には私個人が、産業界の独創的な人物を選ぶ日本イノベーター大賞（日経BP社）の優秀賞をいただいた。イノベーターなんて面はゆい気もするが、普通の人が思いつかないようなことや、始める前からあきらめてしまいそうなことに挑戦して道を拓くのが革新者であるなら、私にもその資格があるのではないかと思う。

コンサルティングを始めた頃、いろいろな人から工芸メーカーを救うなんて無理だと忠告された。しかし、誰もやったことのない事業を始めるとき、すべての起業家はおそらく同じことを言われるはずだ。それでも自分が正しいと信じた道を進んで、たとえうまくいかないことがあってもしつこく取り組み続けて、最後はビジョンを実現する。そう考えるとイノベーター大賞が、もっともっと革新的に挑戦し続けろ、という私に対するエールのように感じられてくる。

ポーター賞や日本イノベーター大賞をいただいて嬉しかったのは、ビジネス系の雑誌やテレビ番組で紹介される機会が格段に増えたことだ。工芸品にも雑貨にも縁のなさそうなビジネスパーソンが、『週刊東洋経済』の巻頭特集に載った中川政七商店の記事を読んでいるのを新幹線で見かけたときは、少し感動した。テレビ東京の『カンブリア宮殿』や『ワールドビジネスサテライト』で取り上げてくれたときは、多くの人から反響があった。

これで社員や採用応募者の親御さんにも、「中川政七商店なんて聞いたこともない会社で大丈夫なのか？」と気をもんでもらわずにすむ。

中途採用の応募者の顔ぶれにも、顕著な変化が見られるようになった。面白いビジネスを展開している可能性に満ちた会社として、それまで以上に優秀な人材が応募してくれるようになったのだ。これが株式上場申請を取りやめた大きな理由であることは、すでにお話ししたとおりである。

ポーター賞や日本イノベーター大賞が企業としての新進性を評価していただいたものだとすれば、パリに本拠を置く社歴二〇〇年以上の老舗同族企業の国際組織、エノキアン協会への加盟を認められたのは、長く存続して、かつ十分な業績を上げていることを認めてもらったものだといえる。日本からは虎屋、月桂冠、法師、岡谷鋼機、赤福、ヤマサ醤油、材惣木材、そして中川政七商店の、わずか八社が加盟しているのみだ。

新旧の鹿が対になっているように、温故知新の「古」と「新」のどちらが欠けても中川政七商店の四〇〇年目はおそらくない。自らの依って立つルーツを忘れず、変化を楽しみながら進化し続ける決意を、三〇〇年目の節目に再び新たにした。

## 郷土玩具と茶の湯の意外な共通点

今、「新」の部分で力を入れているのが、きっかけの創出である。実は、少し前まで「きっかけづくり」には懐疑的な見方をしていた。ビジネスは努力や経験を蓄積して次につなげるもので、一回限りの単発花火は目をひくだけで残るものがないと考えていたのだ。

だから一度、元サッカー日本代表の中田英寿さんが立ち上げたリバリューニッポンへの参加を求められたときも、日本の伝統的な工芸や文化の魅力を発信するという趣旨には賛同するものの、一回限りのイベント的な活動に意義を感じられずにお断りしたことがある。どうやら中田さんからの誘いを断る人は少ないらしく、気になったようだ。それから折に触れて連絡をもらうようになり、その翌年には結局、参加することになった。

参加を決めたのは、仲良くなってしまったからだけではなく、「きっかけ」について改めて自分の中で考え直した結果だった。工芸に関心のない人と接点を持つには、ウェブからアプローチするなど、店で待つだけではダメで、いつもと違うことをしなければならないと考えるようになったのだ。

リバリューニッポンはオークションで作品を販売するので、工芸ピラミッドでいえば上のほうをターゲットとするが、より多くの人に工芸との接点を持ってもらうには、やはり真ん中から下に潜在余力が大きい。中川政七商店ではここをターゲットにしたさまざまな手を打っている。

たとえば、郷土玩具をフィギュアにしてカプセルトイで楽しんでもらう「日本全国まめ郷土玩具蒐集」は、世界屈指の造形技術を誇る海洋堂の協力を得て、二〇一四年に始めて、二〇一六年一〇月までに四七都道府県すべてをコンプリートさせた。

郷土玩具はその愛らしさと土地の文化や生活習慣を背景に持つ奥深さで、人々の暮らしとともにあった。宮城の鳴子こけしや岩手のチャグチャグ馬コ、京都の伏見人形に高知の鯨車……。数え上げればきりがないが、その一つひとつに、子どもの笑顔と健やかな成長を願う親の愛情や、家内安全、五穀豊穣といった庶民の願いが込められている。しかし、今の子どもはもとより、平成生まれのほとんどが、その存在さえも知らないはずだ。

郷土玩具が工芸品界の絶滅危惧種になってしまったのには理由がある。きちんとした系譜があるわけでもなく、個人のつくり手が個性を生かして思い思いにつくっていることや、土産物なので安価にせざるを得ず、経済的には全く成り立たないことが影響している。これにつくり手の高齢化が追い打ちをかける。そういう意味では、日本の工芸をめぐる厳しい状況が最も顕著に表れている分野ともいえる。

しかし、実際に四七都道府県のものを並べて、手に取って見ると、その多様さに驚かされる。漆器や織物は、これはどこの産地のものと一目で見極めるのは素人には簡単ではないが、郷土玩具は地域色が豊かで、誰が見ても違いがわかる。こういうものこそ手元に置いて、毎日の生活の中で気軽に愛でてほしい。そう考えてあえてフィギュアにした。

熱心に買い求めてくれる人の中には、明らかに工芸とは縁の薄いカプセルトイのマニアも多い。発売日の朝に並んで、大量に買っていくので最初はとまどったが、それもまたよしと考えるようになった。ガチャガチャをきっかけに、本物の郷土玩具に興味を持ってもらい、旅に行ったときに探してもらえれば、まさに我が意を得たりである。

同じく絶滅の危機に瀕しているといったら各方面からお叱りを受けそうだが、中川政七商店のかつての主力事業である茶道具も、年々市場が縮小している。茶道人口が減少していることに加えて、高齢化も進んでいて、新しい道具を買い求める需要が細っている。茶碗、窯、茶筌《ちゃせん》、棗《なつめ》、袱紗と、匠の技と美が見事に融合している茶道具を挙げればきりがない。しかしそれも、買う人がいなければ廃れてしまう。茶の湯を楽しむ人そのものを増やさなければ、根本的な問題が解決しないのは明らかである。

茶道の世界、それもきわめて本流に近いところに私と同じ危機感を抱いている人がいる。裏千家の茶人で、自ら芳心会を主宰する木村宗慎《そうしん》さんである。「いわゆる茶道と呼ばれるものは嫌い」と公言してはばからない木村さんは、茶の湯の文化と楽しみを広く伝えようと奮闘している。その木村さんと中川政七商店がタッグを組んで、茶の湯のオープン化ができないかと、現在、あれこれ考えている。

茶道具やそれをいただく空間に趣向を凝らして人をもてなすこと、そしてお茶そのもの

海洋堂とコラボしたカプセルトイ「日本全国まめ郷土玩具蒐集」

を楽しむことが本来の茶の湯の眼目のはずなのだが、今、新しくお茶を始めようとすると、なかなかそこにはたどり着けない。覚えなければならないルールやしきたりがいっぱいあって、茶道教室に通えば足の運びから肘や手首の角度まで事細かに指導されるので、たいていの人はここで脱落してしまう。あまりにももったいない話だ。

私自身、新しくプロジェクトを始めるときなどに、キックオフミーティングとして茶会を催すことがあるのだが、一椀の濃茶をみんなで飲みまわすと、チームがグッと一つになるのが感じられる。少し疲れたときに自分でさっと点《た》てて飲む薄茶も、心をほぐしてくれる。こういうお茶の本来の楽しみを、遠回りせずに誰でもまっすぐに楽しめる環境をつくりたいというのが、茶の湯の「オープン化」がめざすところである。

伝統と格式を重んじる世界なので、ある程度の反発は覚悟のうえだが、ルールに縛られた茶道にはない本来の楽しみを取り戻さない限り茶の湯の未来はないことを、木村さんも私も確信している。工芸の民衆化と同時に茶の湯の民衆化も、木村さんと一緒に進めていくつもりだ。

## 奈良への思い

きっかけの創出を通じた工芸と茶の湯の民衆化で「新」を切り開く一方で、「旧」すなわち中川政七商店のルーツをもう一度見つめ直さなければならないとも考えている。ルーツ、それは他でもない奈良晒である。

昭和に入り、職人不足と人件費の高騰という難問に直面し、国内で機械織りするのか、それとも海外に移してでも伝統の技法を守るのかというギリギリの選択を迫られた十一代当主中川厳吉は後者を選び、以降、韓国、中国と製造拠点を移しながらも手績み手織りにこだわってきた。そのおかげで中川政七商店は今も、手績み手織りの麻生地とそれを使った品を商うことができている。先見の明と進取の気性を持ったご先祖に感謝しなければならない。

しかし一方で、苧麻《ちょま》から奈良でつくった正真正銘の奈良晒をいつか再興してみたいという願望は、常に私の中にくすぶっている。日本全国で消えようとしている工芸の灯りを守る手伝いをしているのに、自分たちの原点をおろそかにすることはできないからだ。しかし、保存事業や単発のイベントのようなものではなく、事業として奈良晒を扱おうとすると、そのハードルはきわめて高い。

奈良晒の生産工程は、材料となる苧麻の栽培に始まり、苧《お》引きにより繊維質を取り出し、それを苧《お》績《う》みして糸をつくる。その糸を製経し、機《はた》に掛けて手織りし、生地を作り、その後に灰汁《はいじる》を使った晒し作業を数度行う。今の世の中でこれをそのままなぞらえ、ましてや奈良で苧麻まで栽培するとなると、恐ろしく高価になるのが目に見えているので、一般的な商品にはとても使えない。

しかし、アートやスーパーブランド、高級ホテルなどに置くコントラクト用、あるいは神社仏閣に納めるのであれば一定の需要は見込める。そもそも量産できるものでもないので、市場規模はそれほど大きい必要はない。そう考えると保存事業ではなく、ビジネスとして本物の奈良晒をつくるのも夢ではないはずだ。こういうとき、十一代の厳吉さんなら、あるいはもっと前の当主ならどうしただろうかと考えるのは楽しい時間だ。三〇〇年続く老舗を経営する者の特権の一つかもしれない。

まだ計画段階ではあるが、奈良に麻畑をつくるアイディアもある。乗り越えなければならない障害はこの先おそらくいくつも出てくるはずだが、それでも本物の奈良晒を再興するのは他のどこでもなく、この地で生まれ育った中川政七商店でありたいと願っている。

こう言うと、地元愛の強い人間だと勘違いされそうだが、つい何年か前まで奈良のことを特に何とも思っていなかった。好きも嫌いもなし、東京や大阪に対する思いと変わりはない。そんな感じだった。だから地元の新聞や雑誌などの取材で、「奈良への思いを聞かせてください」などと言われると、答えに窮した。こちらは全国各地、日本の工芸を丸ごと背負っているつもりなので、地元だからといって特別視はしないという思いがあったからだ。

しかし、会社が徐々に大きくなるにつれて周囲から奈良を代表する企業のように見られる機会が増えて、少しずつではあるが、その自覚が強まってきているのも事実だ。奈良晒の再興に対する思いもそうだし、サッカーの奈良クラブのスポンサーになると同時に、ユニフォームのデザインをはじめとするブランディング全般の手伝いをしているのも、そう

二〇一六年一一月に奈良公園で開催した
大日本市・奈良博覧会

した理由が大きい。

大日本市博覧会を開催したときには、ＪＲ奈良駅や近鉄奈良駅から会場となった奈良公園までの道のりにたくさんののぼりを掲げさせてもらった。おかげさまで、「街を挙げて歓迎してもらっているようだった」と、県外から訪れた人にはずいぶん喜んでいただけたようだ。やはり奈良は私たちにとってかけがえのないホームなのだと、改めて強く感じた。「日本の工芸を元気にする！」と言っている以上、地元である奈良を素通りすることもできない。マルヒロが波佐見を、タダフサが三条を元気にするように、奈良は私たちの手で、もっと元気でもっと魅力ある街にしなければいけないと今では考えるようになった。

第一、そうしないと若くて才能のある人が奈良に集まってくれない。奈良県はデータで見ると世帯所得が高く、東大、京大の合格率も全国で一、二を争う教育レベルの高さを誇っているが、その一方で、県外就職率と県外消費率がずば抜けて高い。働くにしても、休日を楽しむにしても魅力に乏しいということなのだろう。

そのせいか中川政七商店の社員も、最初は奈良は自然が近くて、人もゆったりしていてよいなどと言っていたのが、三年ぐらい働くと飽きて、奈良を離れたくなると口を揃えるようになる。

ニューヨークにしてもシリコンバレーにしても、世界中の才能を呼び込む都市は街としての魅力にあふれている。よく言えば浮ついたところのない、悪く言えば地味な奈良本来の特色は残しつつ、住みたい、仕事をしたい、訪れたい街に少しずつでも変えられれば嬉しいし、そのために中川政七商店にできることもたくさんあるはずだ。

三〇〇周年は、中川政七商店の来し方行く末を考える良い機会となったことは間違いない。しかし、申請を取りやめた株式上場も含めて、周年事業のために大変なエネルギーを費やしたことで、足元の業績は一つの曲がり角を迎えようとしていた……。

十三代中川政七の襲名披露式。
左右は後見人の水野学氏と片山正通氏
（二〇一六年一一月、奈良春日野国際フォーラムにて）

# 第七章
# 日本の工芸を元気にする！

## 今が最大のピンチ

好事魔多し、などということを信じるタイプではあまりないのだが、そういうこともあるかと最近思う。新業態の日本市が好調な滑り出しを見せて、二〇一四年一月にはテレビ東京の『カンブリア宮殿』にも出演した。二〇一五年には三〇〇周年のタイミングに合わせて狙ったポーター賞を見事に射止めて、二〇一六年一月の竣工に向けて、表参道に初の路面店と東京事務所が入るビルの建設が進んでいた。

話はそれるが、何だかんだいってもテレビの影響力はやはりすごい。ずっと昔、関西ローカルの人気番組で麻のスリッパを特集してもらったときも、TBS系列の『知っとこ!』という情報番組でうちの不動のエース「花ふきん」が紹介されたときも、何が起こったのかというぐらいに売れまくって、スリッパは半年近く在庫切れが解消しないという異常事態が発生した。

『カンブリア宮殿』の場合は、ビジネスパーソン向けの番組だし、商品よりも中川政七商店の事業にフォーカスしていたので、コンサルティングの依頼が殺到することになった。そのほとんどが工芸とは関係のない業態だったので、前章で触れた函館空港ビルデングを除いてすべてお断りしたが、英会話教室から漢方薬局まで、実に多彩なところから問合せをいただいた。テレビの影響力の大きさに改めて驚いた。

さて、話を戻すと、順調に業績を拡大し、次の一手のための布石もきちんと打って、中川政七商店はこのまま順調に成長する——そう私も周囲も思っていた。ところが、そんな楽観的な見通しを覆すことが起きる。

二〇一四年度（二〇一四年三月〜一五年二月）の決算で、既存店の売上げが昨年対比で初めてマイナスに転じたのだ。最悪の結果だった。と言っても、昨対九九・七％なので、ほんのわずか欠けただけで、全体では新規出店効果があって、過去最高の売上高を記録している。

それで最悪なのか、と思われるかもしれないが、既存店の売上げがわずかでも落ちているのは見過ごせない。こんなところで足踏みしているわけにはいかないのだ。だから社内でも、この苦しいところを乗り越えなければ次にいけない、ここ一、二年が勝負だと事あるごとに言っている。

しかし、三年前も五年前も同じようなことを口にしていたはずだし、おそらく来年も再来年も、「今が最大のピンチ」だと言っている気がする。良いときもうまくいかないときも、やるべきことをやっていれば結果は出ると考えるほうで、驕りも焦りもないと自分では分析しているが、この一年、今日一日が勝負だという気持ちは常にある。逆に言えば、そういう危機意識がなくなってしまえば、「日本の工芸を元気にする！」ことなど、とてもできないだろう。

## 力がなければ仕事は楽しめない

業績が伸び悩んでいる一つの原因は、「積み上げる力」の不足にある。たとえば、主力の中川政七商店は「暮らしの道具」をコンセプトとするブランドなので定番商品の割合が多く、季節性やファッション性に富んだ遊中川などとは違い、売り場に変化を持たせるのが難しい。

だからこそ、目新しさがあるうちにきちんとPDCA（計画・実行・評価・改善）をまわして、経験値を上げる必要があったのだが、ブランド一号店のオープンから三年が過ぎても積み上げておくべきところが不十分で、そのせいで四年目は苦戦を強いられることになった。

当時、私はコンサルティングの仕事で飛び回っていたが、もちろん自分の会社の主軸をおろそかにすることなどできない。それまではおおよそのことはブランドマネージャーに任せていたが、再び現場への関与を強めた。

最初に手を着けたのが、店頭でのコミュニケーションのあり方を変えることだった。それまでも二週間サイクルでレアの商品は変えていたが、お客さまには全く伝わっていなかった。頻繁に足を運んでくれていた人はおそらく、いつ行ってもそれほど代わり映えしないと感じていたはずだ。

そこで企画展の形をとって、キャッチコピーを書いたバナー（旗）を天井から吊ることにした。早速、ブランドの主要なスタッフを集めて、一回目の企画会議を行った。ところが、誰からもアイディアが出ない。初めて経験するスタッフが多かったせいか、発言そのものが少ない。そのとき私が伝えたのは「型」を身につける大切さだった。

会議の場でただ漫然と考えてもアイディアは生まれない。普段からいろんな店や物を見て回るのも大事だし、目的意識を持って本や映画、アートを見ることも、地力をつけるうえでは効果がある。一方で、単なる思いつきを実現性と市場に対する効果を担保したアイディアにして、さらに企画へと発展させるためにはある一定の「型」が必要だ。

禅の世界から生まれた「守破離」という言葉がある。松岡正剛さんはこれを、「型を守って型に就き、型を破って型へ出て、型を離れて型を生む」と表しているが、プロフェッショナルをめざす以上は、まずは手本を愚直にまねて「型」を身につけなければならない。基本がなければ、それは「形なし」にすぎず、「型破り」にたどり着くことは永遠にできないからだ。

では、私たちの仕事では「型」をどうやって修得すればよいのか。たとえば企画展のテーマであれば、雑誌の特集タイトルが参考になる。コーヒー、旅、朝食、映画、スイーツ……。毎年同じ時期に同じような特集が組まれるわけだが、そのタイトルは言葉選びから言い回しまで実によく練り上げられていて、まさにプロの仕事と呼ぶにふさわしい。自社のブランドとターゲットが重なりそうな雑誌のバックナンバーをずらっと並べて見るだけでも、パターンが見えてくる。

そうやって勉強していくと、今度はタイトルが先に浮かんで、そこから商品を企画するという流れも生まれる。正月用に塗り物のお椀や箸を売りたいならば、あえて外して、「お餅好き。」としてみる。器ではなく、中に入れるものに焦点を当てるコピーワークである。実際、中川政七商店ではそれで、五品種の異なる餅米を使った「日本全国もちくらべ」という商品も開発した。

商品政策も、来期は何をつくろうかと毎回ゼロベースでやっていては効率が悪い。普段から思いついたアイディアやアイテムの抜け漏れをストックしておく仕組みをつくっておいて（私たちの会社では「ぬか床」と呼んでいる）、MDと両にらみしながら、その時々に最適なものを引っ張り出して商品化する。

店づくりにしても、ものづくりにしても、クリエイティブを思いつきでやるのはアマチュアで、プロフェッショナルであるなら型を使って、短時間で精度の高い仕事をしなければならない。それがクリエイティブマネジメントというものだ――と、こういうことを、上長陣をはじめとする社員に実際に手を動かしながら伝えるのだが、すぐに目に見えて力がつくわけではない。

「やってみせ、言って聞かせて、させてみて、褒めてやらねば、人は動かじ」と山本五十六は言ったが、大げさに褒めたり感謝したりするのは、どうも面はゆい。強い言葉で煽ったり、社員同士を競わせてやる気に火をつけるというようなやり方も好みではない。だから私は、いわゆるカリスマリーダーのタイプではないのだろう。

しかし、誰に対してもそうだが、特に社員の前では、いつも正直でいることだけは徹底して実践している。実体以上に自分を大きく見せたりしないし、できること、できないことははっきり言う。だから社員も、私の言葉に嘘はないと信じてくれているはずだ。その信頼のうえで、プロフェッショナルと呼ぶにふさわしい力をつけられるように導く責任が、リーダーである私にはある。

最近、気になる会話を耳にした。カフェで人を待っていたら、隣の席から「最近、仕事が楽しくないんだよね」「あぁ、オレも」という会話が聞こえてきた。それとなく目をやると二人とも二〇代後半の若者で、タブレット端末を操作する姿は、いかにも都心でカタカナ系の仕事をしています、といった風情だ。

どことなくうちの社員にも重なる気もして、続きを聞きたかったのだが、約束した相手が現れて店を出たので、彼らの発言の真意はわからない。でも一つだけ言えることは、基礎力がないと仕事は楽しめないということだ。

サッカーにたとえるとわかりやすいかもしれない。アマチュアがいきなりＪ１のチームに入ってプレーをしても楽しむことはできない。それはプレースタイルやサッカー観の違いなどではなく、下手すぎるからだ。ボールを止める、狙ったところに蹴る、時間いっぱいしっかり走る。そうした基本的なことがプロのレベルに達していなければ、トッププレーヤーに交じってゲームをしても楽しめるわけがない。

仕事もそれと同じだ。プロのレベルに達するまでは楽しめない。もちろん、それから先も厳しいことはいくらでもあるが、それも含めて楽しめるのか、あるいは目の前の現実に忙殺されるのか。その差は紙一重なのだと思う。

どうすれば中川政七商店をもっと良くしてビジョンを実現できるのかをとことん考え抜き、成功に向かう戦略ストーリーを物語るのが、経営者としての私の仕事だ。そのストーリーに一番心躍らせているのは他でもない私自身なのだが、その「ワクワク」が社員やパートナー企業に伝わり、初めてチームは一つになる。

世の中に楽しい仕事とそうでない仕事があるのではなく、その仕事を楽しめる人とそうでない人がいるだけなのだ。中川政七商店は前者が多い会社であってほしいと思う。

## 工芸に産業革命を起こす

ピンチの今だからこそ、チームのメンバーが、そして誰よりも私自身の心が躍る戦略を描く必要がある。その一丁目一番地となるのが「さんち構想」である。平仮名にしたのには、理由がある。

「さんち」とは外から訪れる人にも開かれた新しい産地の形で、工芸品が製造される「産地」と、つくり手と使い手、両者をつなぐ伝え手の知恵と思いを表す「三知」、買う、食べる、泊まるという土地の楽しみ方を表す「三地」、そして親しい人の家にお邪魔して感じるような個性を感じられる「○○さんち」の四つの意味が込められている。

さんち構想は、産業革命と産業観光の大きく二つの柱からなる。産業革命とはずいぶん大きく出たものだと言われそうだが、私も中川政七商店の社員たちも本気で革命を起こす気でいる。構想について述べる前に、今まで中川政七商店がやってきたことの成果と、その一方にある限界を整理しておくことにしよう。

バブル期を境に衰退の一途をたどっていた工芸に新しい光を当てて民衆化したのは、私たちの功績が大きいと自負している。日本各地に中川政七商店、遊中川、日本市で計四六の店を展開して、そこに行けばいつでもさまざまな工芸品に触れて、買うことができる状

## 中川政七商店の事業概要

**ビジョン**　日本の工芸を元気にする!

**ミッション**　① 中川政七商店が日本産地の一番星として輝く(ブランディング)
② 産地の一番星を数多く生み出す(経営コンサルティング)
③ 一番星を起点に産地を「さんち」化する(産業革命+産業観光)

**ゴール**　100年後に「工芸大国日本」になる

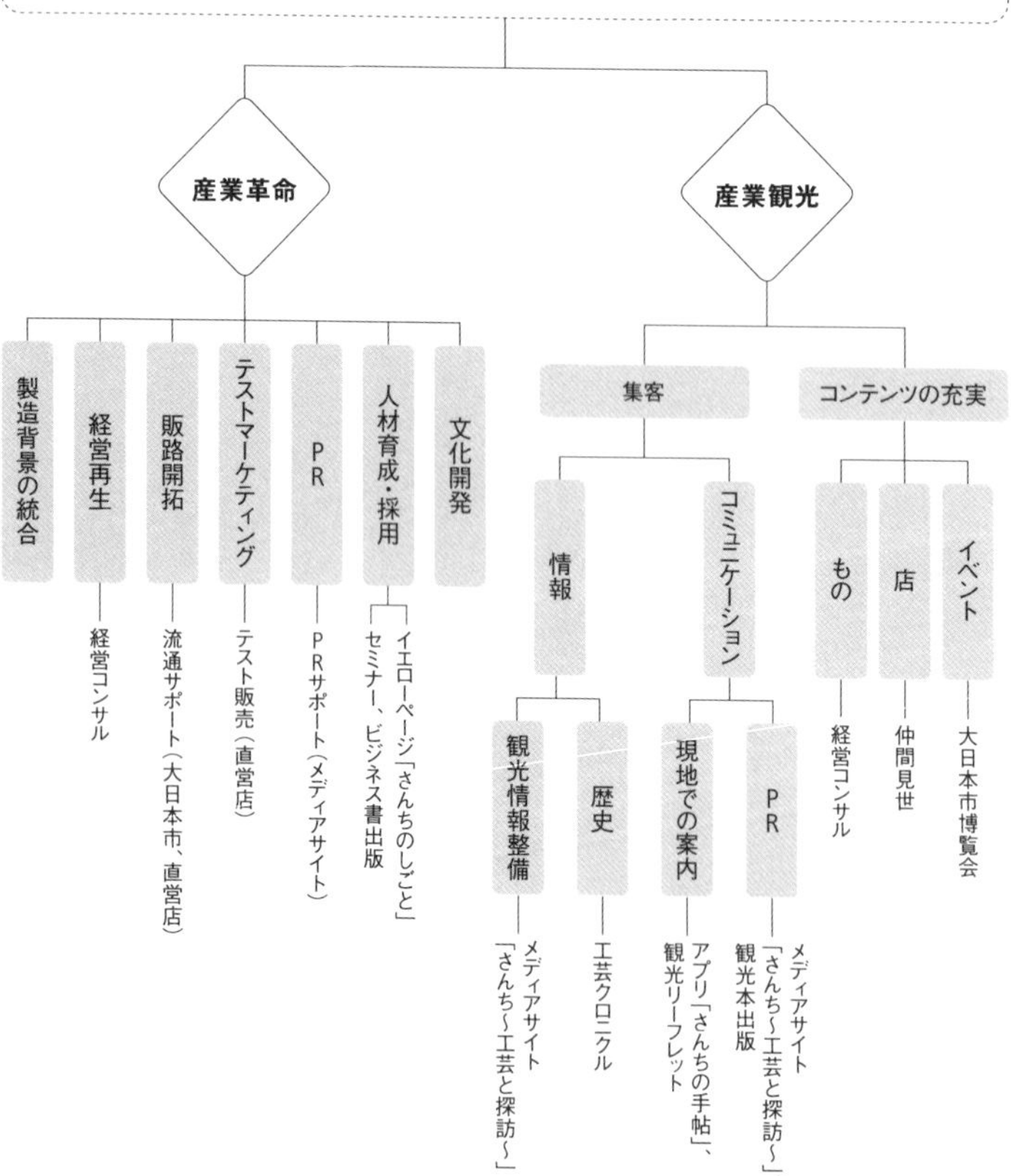

況をつくったからこそ、いろいろな人の生活の中に工芸が少しずつ浸透している。

コンサルティングによって、工芸品メーカーの経済的自立とものづくりのプライドを取り戻す支援もしてきた。存亡の危機にあったいくつものメーカーが復活を遂げ、魅力ある商品を世の中に送り出して新たな工芸ファンも獲得している。私個人としても、こうして本を書いたり講演するなどして、工芸の復活を事あるごとにアピールしてきた。

しかし、それで工芸をめぐる環境が抜本的に変わったかといえば、残念ながらそうとはいえない。今こうしている間にも、後継者のいないメーカーが廃業し、ものづくりの技術が途絶え、産地の灯りがまた一つ消えようとしている。私たちの力だけでは、工芸が衰退するスピードに全く追いつかない。ここにこれまでの取組みの限界がある。

たとえば、長崎県の波佐見だ。マルヒロは確かに元気に、そして大きくなったが、産地としての波佐見の衰退に歯止めがかかったとは言い難い。町全体が工場にたとえられる独自の分業体制がものづくりにおける波佐見焼の特徴だが、それを担う生地屋、型屋、窯元が、次々に消えていっている。このまま放っておけば、マルヒロ一社がいくら元気でも、波佐見焼の歴史はそう遠くないうちに途絶えてしまうだろう。

私はこれまで、産地の一番星が生まれれば自然と二番手、三番手がついてきて、産地全体が押し上げられると考え、一番星をいかに輝かせるかに注力してきた。しかし、時間とともにそれだけでは足りないことが明らかになってきている。一番星を起点としてその影響力を地域全体に広げていかない限り、産地の衰退は免れない。

だからマルヒロには、生地屋と型屋を中に取り込むことを勧めている。ただし、一社単独では難しいので、他の窯元や卸商社との統合あるいは提携を検討しなければならない。言うならば、これまで何百年も続けてきた家内制手工業から脱して、資本集約により製造背景を統合させる。これが私の考える工芸の産業革命である。

一八世紀後半から始まった産業革命で産業構造が変わったように、二一世紀の今、さんちの産業構造を変革する以外に産地が生き残る道はないだろう。波佐見はほんの一例で、日本全国、あちらこちらの工芸産地で産業革命が必要とされている。

## 生の工芸を間近に見る「産業観光」

さんち構想のもう一本の柱が、産業観光である。日本の産業革命の起点となった富岡製糸場は世界文化遺産に登録され、年間一〇〇万人を超す観光客を集めているが、内部を見学できるのはごく一部に限られている。外から見ただけでも、そのスケールの大きさや和洋折衷の独自の建築様式などは十分に見ごたえがあるものだろうが、もし活気あふれる操業時の様子を見学できたら、その感動は産業遺産とは比べものにならないほど大きいに違いない。

　普段は立ち入ることのできない製造現場に足を踏み入れ、さまざまなものが生まれる様子を間近で見る。極限まで神経を集中する職人の息づかい、道具や機械を扱う鍛え抜かれた手の動き、音や匂い……。非日常的な空間の中で匠の技や心意気に触れることのできる工場や工房の見学は人気が高い。地域に根差したものづくりの現場は、自然や文化遺産にひけを取らない観光資源になる。

　訪れる人にとっては、いわゆる観光名所をまわるのとは別の楽しみが得られる。つくり手の話を聞いて、自分でも体験して、土産物としてその工芸品を買うこともできる。少し大げさに言うなら、知的欲求を満たす観光スタイルは、定番のツアーにはない楽しさだ。

　そのようにして知ってもらった工芸の魅力は、本やネットで得たものとは比べものにならないほど印象に残るはずだ。私たちの店でもスタッフが毎日、商品の良さを伝えようと努力している。ディスプレイを工夫してポップを考えて、チャンスがあれば説明もさせていただく。それでも、百聞は一見にしかず。本物を見るのにはとうてい及ばない。

　なぜあれほど無駄のない機能美を備えているのか、使い込めば使い込むほどに暮らしになじむのはどうしてか、少し高価な理由はどこにあるのか……。工芸にまつわる秘密のほとんどは、製造現場に答えがある。工芸ファンをもっと増やして、生活の中に当たり前に取り入れてもらうには、製造現場を見てもらうのが一番だ。

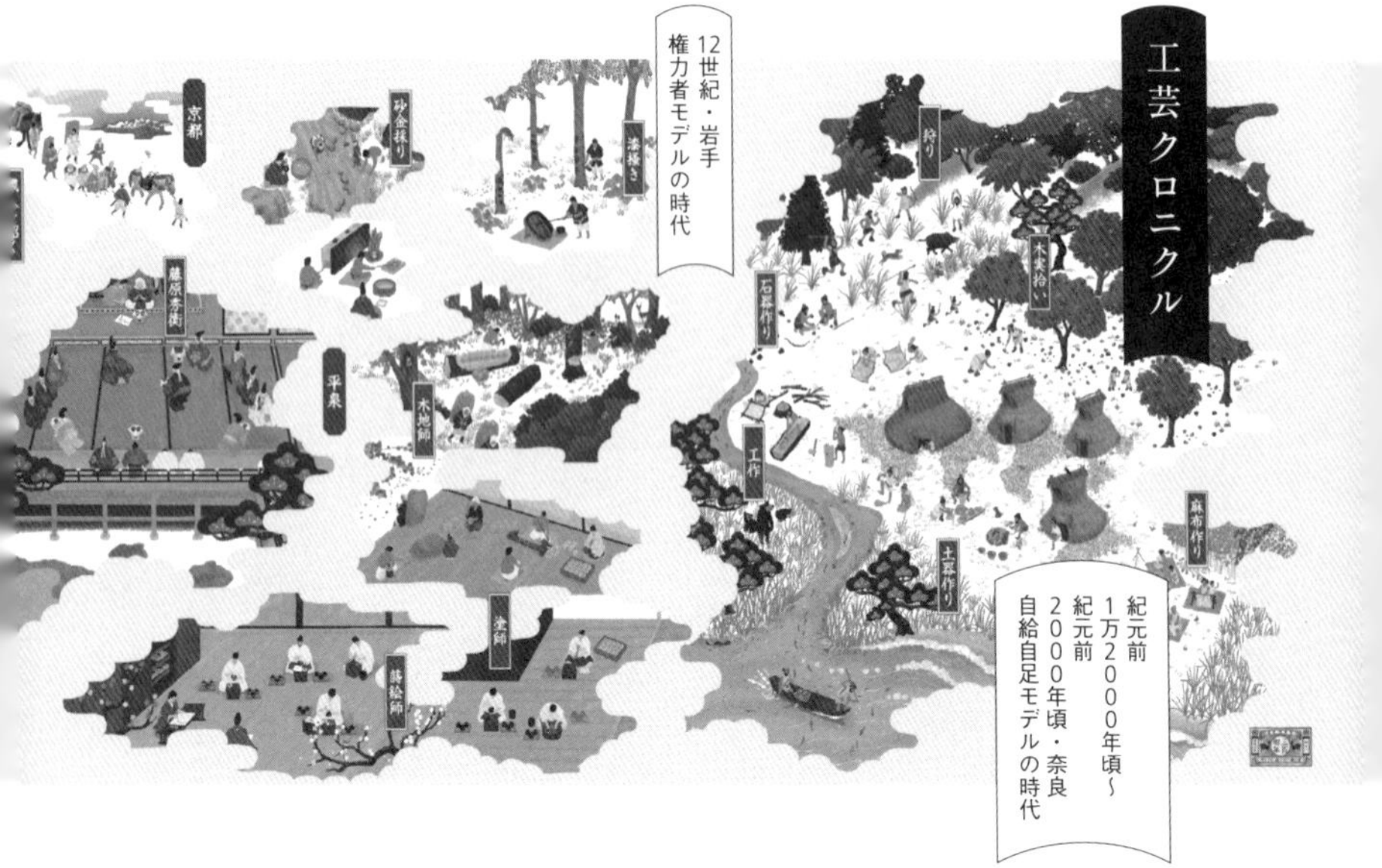


ただし、工芸だけでは訪れる人の数は限られるので、食と宿も充実させなければならない。私自身、宿にはこだわるほうだし、せっかく足を伸ばすのであれば、その土地ならではの食材や料理を楽しみたいとも思う。おいしいものといい宿があれば、駆け足で見て回って終わりではなく、ゆっくりと滞在して、工芸にとどまらない産地の魅力を存分に味わってもらえる。もちろん、どちらも工芸メーカーが自前でやる必要はなく、地域の連携の中で考えていくことになるだろう。

　このような地元のおいしい食べ物といい宿、そして工芸を身近に感じられる製造現場があれば、これが産地におけるコアとなる。地域に一つコアができれば、あとは少々離れた場所にある製造現場もサテライ

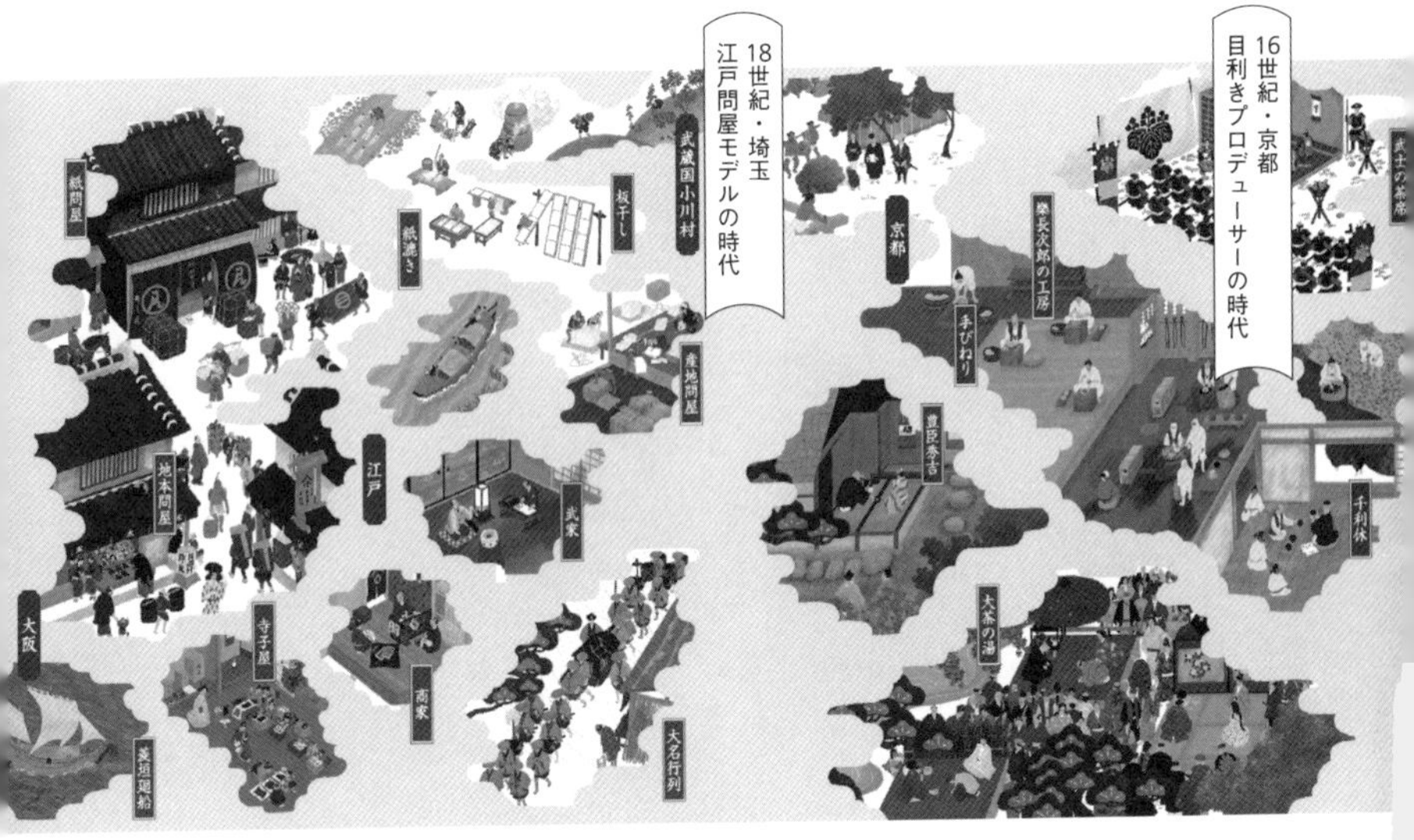


トとして成立して、足を伸ばしてもらえるようになる。文化施設や景勝地といった点から点への移動から、土地そのものを線あるいは面で楽しむように旅のあり方も進化し、地域も活気づく。これが私が考える新しい産業観光だ。

それまで頭の中にぼんやりとあった産業観光のアイディアが、今のような形にまとまる一つのきっかけとなったのが、前章でも紹介した三〇〇周年を記念して制作した工芸クロニクルだった。工芸の歴史をビジネスモデルの視点で八つに切り取り、屏風絵にしたものである。

自分たちで使うためにつくった自給自足の原始時代に始まった工芸のビジネスモデルは、職人の誕生、千利休のような工芸プロデューサーや流通を担う問屋の登場を経

て、一九世紀には国家主導の殖産興業モデルへと行き着く。そして、二〇世紀は全国に流通網が広がった百貨店モデル、二一世紀はデザインから流通までを総合的にプロデュースするデザイナーと職人とが共創するデザイナーモデルの時代として捉えた。

では、来るべき二二世紀の工芸のビジネスモデルとはどんなものになるのか。大きくて難しいお題が私たちに与えられた。

クロニクルの監修を依頼した松岡正剛さんが最初の打合せのときに言われた「歴史は未来をつくるためにある」という言葉がずっと気になっていた。バックミラーに過去の歴史を映しながら前へ進めばいい。何を映し出すかはそのとき、その場に応じたものをセレクトすればよく、その選択に独自性や多様さがあれば、どんな未来にも進

める。クロニクルをつくるのであれば、そういうものにするべきだと言っていただいたのだ。

その言葉を胸に置きながら、原始時代の自給自足モデルから丹念に時代を追っていくと、つくり手と使い手の距離がどんどん離れていることに気がついた。

専門の職人や流通を担う問屋が登場したことによって日本各地に産地が生まれ、多くの人の手に工芸が行き渡るようになるが、近代以降は職能分化が極端に進む。その結果、使い手にとって工芸品は暮らしの中にあるものの、工芸そのものは身近に感じないという状況が生まれる。その後、工芸品が工業製品に押されるようになったのも、

工芸の歴史をビジネスモデルで振り返った「工芸クロニクル」。現物は九〇センチ四方の寸法で八面からなる金屏風になっている

こうした背景と無縁ではないはずだ。

商売として成り立っている時代だからこそ介在する人も増えたわけだが、今の工芸界が抱えるさまざまな問題の根っこがそこにあるように思えた。つくり手は自分たちの丹精の賜物がどんなふうに人々の暮らしを豊かにしているのかを知る機会がない。使い手も工芸がどんなふうに生み出されているのかを見たことがないので、その価値を理解しにくい。つくり手と使い手がもう一度近づく必要があることを、クロニクルは示唆していた。

とは言っても、今さら自給自足モデルはあり得ない。つくり手はつくり手、使い手は使い手のままで、お互いに一歩近づいて理解と興味を深めるには、両者をつなぐ存在が必要になる。それならば私たち中川政七商店が「伝え手」となり、産業観光モデルを実現させよう。

こうしてクロニクルの最後、八枚目の屏風絵は、二二世紀の産業観光モデルを描くことが決まった。舞台に選んだのは中川政七商店の創業の地である。

春日大社、東大寺、興福寺といった世界遺産をバックに、奈良晒の原料となる苧麻の畑、それを績んで糸にして織り上げる職人や、天日や川の水で晒す工程が細かに表現されている。工房で手績みを体験する人や、併設のファクトリーショップで買い物を楽しむ人、レストランで名産の大和野菜に舌鼓を打つ客の姿も見える。ほど近くに配されたホテルは、紅葉に燃える木々に囲まれて、いかにもゆっくりとした時間が過ごせそうだ。

工房やショップをのぞく人の中には旅行者だけでなく、地元の人も含まれているに違いない。普段はなかなか目にすることのないものづくりの現場を見れば、自分たちのまちの工芸品を身近に、そして誇りに感じるに違いない。気に入ったものがあれば、買い求めて暮らしの中に持ち帰るだろう。

これが私たちがめざす開かれた工芸の一つの姿だ。今私たちが思い描く未来のさんち像を一枚の絵にすることで、これから何をしていくのか、その決意と願いを表明したつもりだ。製造背景の統合による産業革命と、つくり手と使い手を近づける産業観光。この二つが相互に作用して新しい「さんち」をつくる。クロニクルが映し出したこの工芸の未来は、そのまま中川政七商店のこの先一〇〇年の進む道でもある。

## 志を一にするメーカーを結集する

さんち構想の実現を担うのは、それぞれの地域の一番星である。長崎県波佐見町にはマルヒロがいるし、三重県菰野町には萬古焼の山口陶器がいる。そして、奈良では私たちが、全力で魅力あるさんちをつくらなければならない。

ただし、一社単独ではできないこともあるし、一番星を張るのはかなりしんどいことでもある。地元のことを思って頑張っても、出る杭は打たれるで、つまらない足の引っ張り合いに巻き込まれることも少なくない。自分のところだけ良くなれば、もういいか――そんな悪魔のささやきが忍び寄るのはこういうときだ。

しかし、繰り返しになるが、一社だけでは産地は存続できないし、それはすなわち一番星の輝きも長続きしないことを意味する。「自分のところだけ」という選択肢はないと考えるべきだろう。では、高い志を持つ各産地の一番星が心折れることなく、そしてぶれない戦略を持って力強く進み続けるためにはどうすればいいのか。私は、次の二つのものが必要だと考えた。

一つは、一番星の工芸メーカーたちが知恵を寄せ合い、互いに切磋琢磨しながら意識を高めあう枠組みを設けることだ。そこで、組合を立ち上げることを決めた。

中世ヨーロッパで設立された商人や手工業者のギルド（組合）は、技術を高めて共存共栄を図るとともに、現代の保険に相当する相互扶助を主な目的の一つにしていたというが、今の日本の工芸業界に必要なのは、日本の工芸を次の一〇〇年も、その次の一〇〇年も輝かせるという理念と覚悟を持つメンバーが、知恵と情報を共有する場であり、機会だろう。

無意味な競争や牽制を排し、日本の工芸を元気にするために力を合わせることはできないかと考え、いくつかの工芸メーカーに声をかけた結果、鋳物の可能性を広げた能作や南部鉄器の及源《おいげん》などに賛同していただき、「日本工芸産地協会」の設立にこぎつけることができた。

当面は年に二回カンファレンスを開催し、それぞれの産地で、未来に向けてどんな取組みを行っているかを、より多くの人に知ってもらう機会とする。工芸メーカーだけでなく、行政やまちづくりの専門家、マスコミなどにも広く公開して、これからの産地のあり方を多面的に考える場になればいいと考えている。

これとは別にメンバー企業が参加して、日頃の問題意識やうまくいっていること、いっていないことをオフレコを前提に率直に開陳して共有する勉強会を開催する。長いこと産地の一番星でいると、自社がトップランナーであるかのような錯覚に陥りがちだ。確かにそれぞれの地元ではそのとおりなのだが、広く世の中に目を向けて見れば上には上がいる。

他社の事例を勉強することで、いやでも自分たちの足りないところを自覚して、成長の足がかりとすることができる。業界団体にありがちな低いレベルでの横並びで安心するのでも、自社の業績だけを考えるのでもなく、常に地域と日本の工芸産業全体のために何ができるのかを考えて、高みをめざして前進する。その心意気があるメーカーだけが協会には参加している。協会の活動を通して、さんちづくりのモデルケースができればよいと考えている。

加えて、業界団体として行政にも積極的に働きかけていくつもりだ。ものづくり力を背景に持つ工芸産業は、国の経済政策や観光政策にも貢献できるはずだが、工芸メーカーやそれを販売する事業者がまとまって動くことはこれまでなかった。補助金頼みではダメだと言い続けているが、言うべきことを言って政策に反映させることと、行政に依存することは違う。「工芸大国日本」の実現に向けて、会員の総力を結集しなければならない。

## 理を曲げない、という選択

各産地の一番星の背中を押すもう一つの取組みが、プラットフォームの整備である。工芸メーカー各社がより高いレベルで競い、自社にしかできない価値を生み出すために、協調できる部分は協調して共有財産としてのプラットフォームを持つという考え方だ。

たとえば、情報を発信するメディアサイトをそれぞれ立ち上げても、集客力はたかが知れている。それならば強力なサイトを一つつくり上げて、そこを起点に各社の情報を発信するほうが影響力は格段に広がるし、一社単独でつくるよりもコストも節約できる。

当面は情報、ＥＣ（電子商取引）、そして求人のプラットフォームを中川政七商店が整備して、運営を担っていく計画でいる。情報プラットフォームとしては、各地の工芸の魅力と、食や宿を含むそこを訪れる楽しみを伝えて、各地に人をいざなうメディアサイト「さんち」(https://sunchi.jp/) を、二〇一六年秋に立ち上げた。

# さんちのウェブサイト

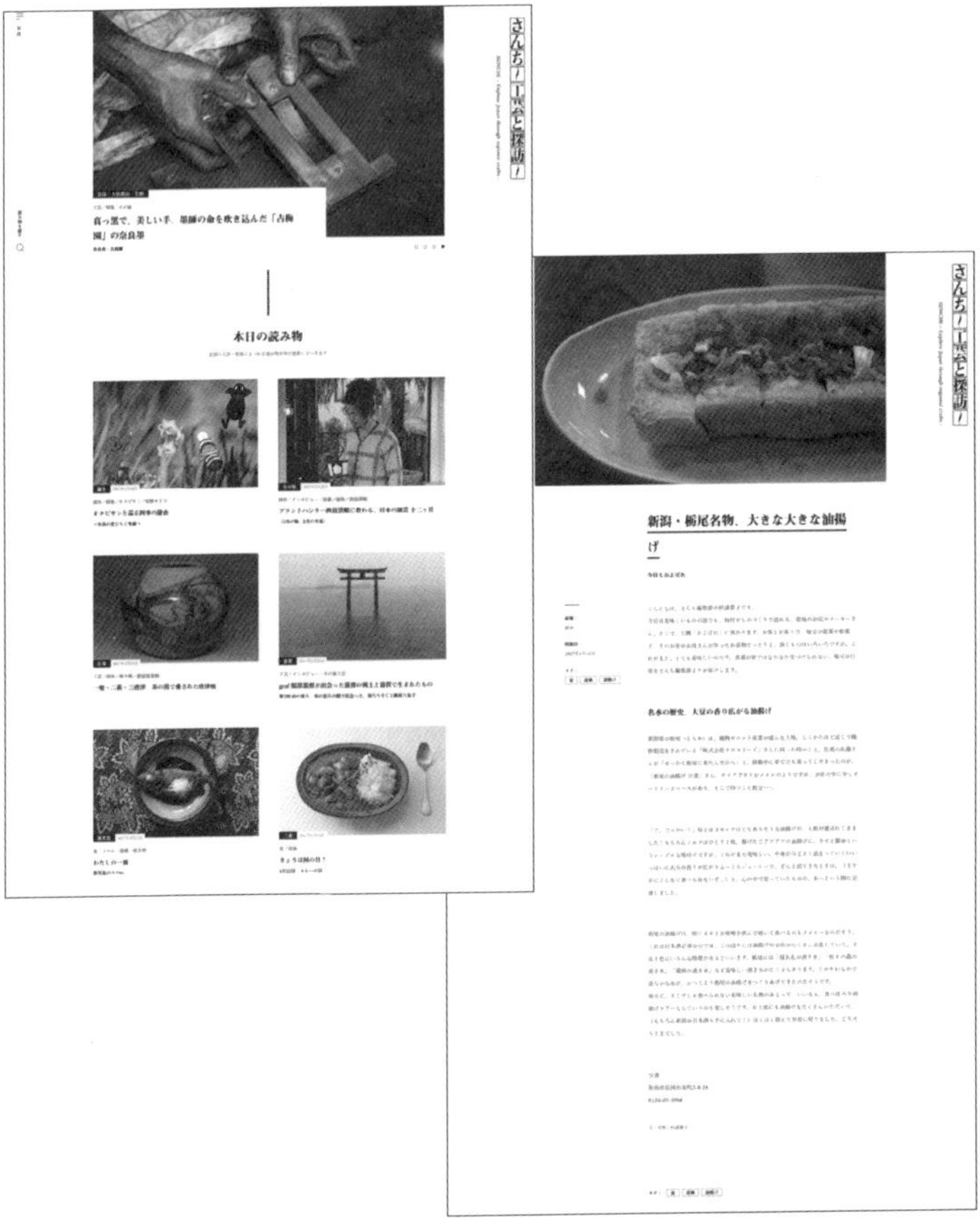


「さんち〜工芸と探訪〜」のウェブサイト。
日本全国の工芸と産地の魅力を発信している

工芸や旅に関するウェブサイトはそれぞれたくさんあるが、この二つを全国レベルで結びつけたものはほとんどない。そこに行けば工芸に関するイベントやキャンペーン、新商品などの最新のニュースがすべて網羅されていて、それを見て興味をひかれた産地があれば、旅のプランも立てられる。百聞は一見にしかず。足を運んで産地の魅力を丸ごと味わってもらう入口として、大きく育てていかなければと考えている。

そのための具体的な施策として、自治体との連携を進めている。観光情報の発信に自治体はかなりの予算を使っているが、せっかくつくったリーフレットやサイトは、残念ながら有効活用されているとはいえない。地域の情報を私たちのメディアサイト「さんち」とリンクさせることで、旅行者にも地元の事業者にも嬉しい効果が期待できるものにすることができるはずだ。

逆に、これだけはしないと決めていることがある。それは広告に依存したサイトにしないということである。商用サイトと呼ばれるもののうちで広告を収益の柱としないのは、一部の例外を除けばECサイトぐらいだろう。ECサイトは出店者や購入者から直接収益を得られるし、有料コンテンツによる課金モデルや、リクルートなどに代表される仲介モデルもあるにはあるが、どちらも収益化するには高いハードルをクリアしなければならない。だから、ほとんどの商用サイトは、どれくらいの人がそのサイトを訪れたかというページビュー（PV）数を最大化しようと必死になっている。PV数が多いほど広告料も高くとれるからだ。

ここに、ECサイトではない「さんち」が広告を掲載しない理由がある。PVを稼げるコンテンツや伝え方が「正しい」くて、そうでないものはダメだとなれば、伝えるべきことを自分たちが最も適切だと考える方法で伝えられなくなるおそれがあるからだ。

ウェブサイトのコンテンツ開発に長けた知人から、「『さんち』は一本当たりの記事が長すぎる」などと忠告してもらうこともあるが、ありがたく拝聴しながらサラッと聞き流している。たとえ記事が長くて、途中で読むのをやめてページから離れてしまう人が少々増えようが、伝えるべきことは自分たちらしい言葉でしっかり伝えたいし、PVを稼ぐことだけを目的にむやみに人目を引くようなタイトルをつけたりもしない。それが「さんち」の編集長である私の編集方針である。

とは言うものの、これがなかなかしんどい。ほぼ毎日一本、全国の工芸や産地にまつわる読み物をアップしているのだが、取材をするのも記事を書くのも社員である編集スタッフが基本的にはすべて行っている。工芸に関するイベントやニュースも紹介しているが、立ち上げたばかりで知名度が低いので、待っているだけではリリースが来ないこともある。

システム構築には相応の費用がかかっているし、ランニングコストはどんどん積み上がる。「さんち」の意義に賛同し、観光振興に役立てたいと考える自治体からの受託を増やす計画だが、それまではサイト単体での収益化は難しいだろう。

それでも、認知度と情報量が上がって閾値を超えれば、状況は一変するはずだ。工芸と旅を結ぶ唯一無二のサイトとして大化けするという確信が私にはある。だから、周りが何と言おうとも、コンテンツづくりに追われても、「さんち」をやめるつもりは一切ない。株式を上場しなくて良かったと思うのは、こんなときだ。

経営の現場では、「理屈はそうだけど、現実はそんなふうにはいかない」ということが往々にしてある。普通の経営者ならば、目の前の現実に合わせて理屈のほうを曲げるのかもしれないが、私はそういうことはしたくない。理屈がそうならば、徹底してやり続けていけば必ず道は開けると思うからだ。

工芸と産地の魅力を知ってもらい、実際に足を運んでもらうのが「さんち」の目的なので、それに適うことはするし、そうでないものはしない。淡々と粘り強く事にあたれば、ブレークスルーする日はそう遠くないはずだ。

## 一番星を輝かせる三つのプラットフォーム

メディアサイト「さんち」への集客には、工芸好きの顧客とのコミュニケーションをさまざまな場面で深めることを目的とするモバイルアプリ「さんちの手帖」が一役買う。

たとえば、各地の提携店でアプリの画面を提示すると、「ちょっと優しくしてもらえる」特典がある。カフェなら飲み物と一緒にお菓子を一口とか、土産物屋ならおまけが一つもらえるといったぐらいのことだが、旅先で優しくしてもらえれば歓迎されているようで、誰でも嬉しい気分になる。

工芸メーカーなどのつくり手やイベントなどを訪ねると、まるで御朱印帳のようにデジタルスタンプを押してもらえて、さらに優しくしてもらえる仕組みも企画している。要はスマートフォンの位置情報を取得するわけだが、店や施設を訪れたのが記録されるチェックイン機能ではなく、御朱印帳スタイルにするところに私たちのこだわりがある。後から使い手一人ひとりが自分だけの「さんちの手帖」をめくりながら、訪れたところをあれこれ思い出してもらえるようになれば大成功だと思う。将来的にはCRMツールとしても活用していく計画だ。

専用のECサイトも二〇一七年三月に立ち上げる。その名も「さんち商店街」。中川政七商店のECサイトがセレクトショップの品揃えだとすれば、こちらは大型ショッピングセンターとでも言おうか。あえて「セレクト」せずに、デザインされた物もそうでない物も、高価な物も手頃な価格の物も、多種多様の商品が買えるのが特徴で、工芸版のアマゾンや楽天をイメージしていただくとよいかもしれない。

さて、もう一つ残るのが、工芸に特化した求人のプラットフォームである。基本的に工芸の使い手である顧客を対象とする他のプラットフォームとは明らかに一線を画すわけだが、今、私が最も力を入れているテーマの一つである。

人材不足、後継者難は産地が抱える重要かつ喫緊の課題である。工芸のつくり手が経済的にも厳しく、またものづくりに誇りが持てない状況がつくり出したものだが、実は職人になりたい若者は大勢いる。しかし、修行の名の下に、生活するために十分な報酬が得られなかったり、そもそもどこに行けば職人になれるのかがわからずにあきらめてしまう人もいる。

さんちでの仕事は職人だけとは限らない。たとえば大日本市メンバーのバッグワークスでは、六十代半ばを迎えようとする高島茂広社長が、自分の後を継ぐ経営者を探していた。私が二〇一一年にコンサルティングに入った頃は主力の業務用かばんの受注生産を海外に奪われ、先の見えない経営状況に次のことなど、とても考えられないと言っていた。

それが「しごとのかばん」をコンセプトに自社ブランドを開発して育ててきた結果、今では売上げの半分近くを「ポストマン（郵便配達）」「ミルクマン（牛乳配達）」「ワイヤーマン（電気工事技師）」といった自社ブランドが占めるようになり、業績も拡大した。すると「世界で一番ちゃんとしたかばん屋さん」を自分の代で終わりにしたくないという気持ちが芽生えるようになったという。

しかし、兵庫県豊岡市にあって、規模でいえば失礼ながら零細企業のバッグワークスが人を募集するとなれば、現実的にはハローワークのようなものしか手段がない。あくまで確率論にすぎないが、積み上げてきた技術とブランドを託すにふさわしい人材が、そうした中から見つかる可能性は低い。そんな話を聞いて、私はいても立ってもいられなくなった。何しろ中川政七商店も人の問題では長いこと苦労してきたので、高島社長のジレンマが手にとるようにわかったからだ。

そこで、中川政七商店のウェブサイトで「豊岡の社長、募集」と出したところ、さすがに後継者候補とあって、かなり質の高い応募者が集まってくれた。結局、ユニークかつしっかりとしたキャリアを持つ三〇代前半の男性を採用することになり、現在は経営者見習いとして中川政七商店で預かって研修をしている。

こうした経営人材も、今後は求人プラットフォーム「さんちのしごと」で扱っていく。採用を希望する工芸メーカーも就職希望者も、ここにくれば探していた人と仕事に出会える、そんなマッチングサイトにしていきたい。

工芸を取り巻く課題を何とか解決したいと願う工芸メーカーが集まる協会と、情報、EC、求人の三つのプラットフォームが力強く動き出せば、産地の未来像はその輪郭をはっきりと浮かび上がらせてくるはずだ。

# 自分の中のヒーロー願望

「すべての事業は衰退すると歴史が証明しているが、経営者はあまりそれを理解していない」

早稲田大学のMBAの授業にゲストスピーカーとして呼ばれたときに、吉川智教《ともみち》教授がそう言っていたのが印象に残っている。中川政七商店の今あるブランドや工芸のSPAと呼ばれる現在のビジネスモデルが永遠に生き残ると考えているわけではないが、改めてそう言われると、いろいろと思うところがあった。

遊中川は三二年、粋更は一四年のブランドとしての歴史を持つ。ものづくりに深くかかわり、それを自社の直営店で自社ブランドとして売るというビジネスは、この先も中川政七商店の核となり続けていくはずだが、その一方で、経営者として常に新しい事業を構想していかなければならない。そもそも守りはあまり得意ではなく、攻撃は最大の防御と考えるタイプである。「日本の工芸を元気にする!」というビジョンの実現に一歩でも近づくために、より俊敏に、そして果敢に攻めを打っていく覚悟は固まっている。

創業三〇一年目の今年に繰り出した第三のキラーパスが、「日本工芸産地協会」と「さんち構想」を実現するためのプラットフォーム事業である。このパスが通って三〇〇産地が生き残れば、日本は世界に冠たる工芸大国の地位を築くことができる。

仮に年間生産額で一〇億円を一つの産地の標準的なサイズとすれば、合計三〇〇〇億円、市場売上げでいえば、ざっと七〇〇〇億円の市場が必要な計算になる。その一割を中川政七商店が担うとすると、年商を現在の五〇億円から七〇〇億円にまで引き上げる必要がある。

おそらく一〇〇億円までは今の事業の延長線上に見えてくるはずだが、その先となると、正直なところ未知の世界と言わざるをえない。これまでとは全く違う取組みや、場合によっては既存の事業を自ら破壊するようなイノベーションが必要になってくるかもしれない。楽しみでもあり、怖いような気もするが、挑戦をやめるつもりは一切ない。

曽田正人さんの『め組の大吾』という消防士を主人公にした漫画をご存知だろうか。幼い頃に火事に巻き込まれたところを消防士に助けられた少年が大人になって消防士になり、いくつもの壁を乗り越えながら人々の命を救い、自らも成長していく物語で、私は大学生の頃に初めて読んで以来、ちょっと時間ができたときに何度か読み返している。

主人公である朝比奈大吾は、やがてレスキュー隊員として世界でその名を知られる存在になるのだが、同じく私が長く愛読するマンガ、尾田栄一郎さんの『ONE PIECE』などと比べると、至ってシンプルな構成で、ストーリーも明快だ。それでも、『め組の大吾』に共感し、時には背中を押される感じは、学生の頃も、そして経営者となった今も全く変わらない。

その理由を自分なりに分析すれば、私にはヒーロー願望があると思う。薄々そうでないかと感じていたのだが、改めて自覚したのは、コンサルティングを始めた頃だった。厳しい状況に置かれながらもあきらめずに何とか前に進もうとする人を見ると、精一杯のことをやらずにはいられなくなる自分に改めて気づかされたのだ。

工芸メーカーが窮地に陥れば、中川政七商店の存在基盤も揺らぎかねない。事業を成長させて日本の工芸を元気にするためには、コンサルティングを事業として展開する必要がある――というのは紛れもない一面の真実だ。

でも、そうした事業戦略としての話とは別に、困っている人を助けたいという願望が確かに自分の中にあって、それが経営に行き詰まる工芸メーカーを放っておけない一因になっていることは間違いない。何とか明るいきざしが見えて、かかわる人が笑顔になると、理屈抜きに嬉しい。これはもう経営者としての判断や意思を超えたところにあると認めざるをえないだろう。

だから、日本の工芸を救うのも自分しかいないと、勝手に思い込んでいる。

その覚悟を形で示すために、二〇一六年一一月に「中川政七」を襲名した。中川淳としてのステージを一つ終えて、これからは名実ともに中川政七商店の看板を背負って突き進んでいくつもりでいる。どこまでヒーローに近づけるかわからないが、これは映画でも漫画でもない本物のストーリーで、その展開は私自身の手に委ねられている。そんなふうに思うと、勇気が腹の底から湧いてくる気がする。

何しろ私には一つの根拠なき安心材料もある。この本を書くために、過去の資料をあれこれ見返している中で見つけた一冊のノートの最後のページにそれは書いてあった。

「三九歳八カ月から四一歳まではしんどいが、それが終わると三〇年は安泰」

一〇年ほど前に両親が、四柱推命で私のことを観てもらって言われたのを、そのままメモしたものである。普段は占いなど関心がないのだが、口うるさく言われたので書き留めておいたのだ。すっかり忘れていたが、二〇一六年七月、大過なく四二歳の誕生日を迎えることができたのは、いくつになっても子を思ってくれる親のおかげだろう。

## 五〇歳引退宣言を撤回する

三〇年、七二歳までなら時間はたっぷりある。実は前章でも触れたように、少し前までは中川政七商店の経営に携わるのは五〇歳までと決めて、それを公言していた。今のように一年三六五日、二四時間、工芸のことだけ考え続けて全速力で駆け抜けるには、どこかに区切りを設ける必要があると考えていたからだ。

これを一生続ける自信はないが、五〇までと決めれば何とか走り続けられる。だから、本当のことを言えば五五歳でも六〇歳でもかまわないわけだが、切りの良い五〇歳で引退すると決めていたのだ。

しかし、ある先輩経営者に言われたひと言で、これを撤回することにした。私を翻意させたのはスノーピークの山井太社長である。それまで日本になかったオートキャンプの市場を一からつくり上げ、国内外の熱心なファンに支持されてアウトドアブランドとして独自の地位を確立した人だ。二〇一二年一二月期からの三年間だけでも、売上げは二倍以上に伸びている。

スノーピークには、地域の優れた技術を生かして産地でものづくりをしているという、中川政七商店との共通点がある。屋外でお茶を点てて楽しむための野点セットをコラボレーションしたご縁で、スノーピークのお膝元である新潟・三条で開催した大日本市博覧会のトークショーにも出ていただいた。

その日の夜、食事をしながら山井社長に、「一〇〇年後に日本を工芸大国にすると目標を掲げているけれど、それまで持つと思う？　勝負はここ二〇年といったところじゃないかな」と言われた。

仮に二〇年で日本の工芸市場を七〇〇〇億円規模に成長させて、その一割の七〇〇億円を中川政七商店が担おうとするなら、この先一〇年で売上げを一〇〇億にまで伸ばすという現在の目標ではまるで足りないことになる。

日本を工芸大国にするという旗を掲げるのならば、もっともっとストレッチを効かせなければならない。リスクをとった経営も必要なのではないか。そう山井社長は問いたかったのだと思う。すでに述べたとおり、私は売上げや利益をひたすら拡大したいとは考えていない。適正な水準があると思うからだ。しかし一方で、山井社長の指摘は胸に刺さるものがあった。

五〇歳で引退するなら、残された時間はわずか八年。これだけの時間で工芸大国日本のめどがつくとはとても考えられない。外からは淡々としているように見えるので、あまりそう思われないのだが、これまでも命を削って日本の工芸と向き合ってきたつもりだ。しかし、もう一段大きな覚悟を決めて、持てる力のすべてを注いでビジョンの実現に向けて走り続ける必要があることは明らかだった。

こうして私の引退を先延ばしすることに決めた。

# 十三代中川政七を襲名して

二〇一六年一一月、春日杉の巨木が天に届きそうな澄んだ秋の日に、私、中川淳は「十三代中川政七」を襲名した。中川政七の名跡は、祖父の十一代巖吉、父の十二代巖雄と襲名していなかったので、十代以来六〇年ぶりのことである。

世界中の有名メゾンから店舗デザインなどの依頼が殺到する片山正通さんと、事業パートナーであり盟友でもある水野学さんに後見人を務めていただき、奈良公園の一角、春日大社に隣接する能楽ホールで襲名式を執り行った。

普段、大勢の人の前で講演したりテレビ番組に出演したりしても、それほど緊張することはないのだが、その日は違った。慣れない袴姿で登場して本舞台（中央の張り出したところをこう呼ぶ）まで足を運び、片山さんと水野さんのありがたくもグッとくる口上をお辞儀をしたまま拝聴し、ようやく頭を上げると、口の中が渇いたような感じがした。

父の代からのつきあいの取引先、私が悪戦苦闘しながら事業を広げる中で縁をいただいた方々、そして中川政七商店の良いときもそうでないときもよく知る地元奈良の方々……。十三代政七の襲名を見届けようとわざわざ足を運んでくださった人たちが、覚悟のほどを問うように、私の言葉を待っていた。まっすぐにこちらに向けられた視線を受け止めると、不思議に心が落ち着いてくるのが自分でもわかった。

「創業三〇〇年の記念すべき年に先祖代々が守り育ててきた中川政七の名を襲名させていただくことは、このうえない喜びであります。政七の名に恥じることのないよう日本の工芸を元気にし、ひいては奈良晒の復興をめざし、これからも精進していく所存であります。皆さま方におかれましては今後もご指導ご鞭撻を賜りますよう、末永くよろしくお願い申し上げます」

無事に挨拶を終えると、改めて責任の大きさとそれを背負えることの喜びが、心の内から湧き上がってきた。

同じ日、奈良公園の中央に位置する浮雲園地では、全国五カ所をめぐってきた大日本市博覧会のフィナーレを飾る奈良博覧会が開催されていた。若草山をバックに鹿がのどかに草を食む広場には特設テントが立てられ、県内でつくられた工芸品や食品などの奈良の名産品がずらりと並んだ。折しも、会場からほど近い奈良国立博物館では毎年恒例の正倉院展が開催され、奈良・平安時代の宝物と現代に生きる奈良のお宝が、わずか数百メートル圏内に顔を揃える形となった。

実は、明治時代にも奈良博覧会は開催されていた。東大寺の回廊を会場に、正倉院の宝物が初めて一般公開され、当時の奈良の名産品も陳列されたという。明治八年に開かれた第一回目には、当時の交通事情を考えれば驚きの一七万人が詰めかけたと記録されている。

その後、明治二七年まで、全一八回にわたって開催されている。

名産品の出展者の中には中川政七商店の名前もある。詳細は不明だが、おそらく九代政七の時代で、麻織物の反物を出展したのだと思われる。大日本市博覧会を企画した時点では、明治時代の奈良博覧会のことは知らずにいたのだが、一四〇年ぶりに、正倉院展と時を同じくして奈良博覧会を開催できたことに、勝手ながら運命のようなものを感じた。

誰に言われたわけでもないのに「日本の工芸を元気にする！」という旗を掲げて、そのためにプラスになることならば手当たり次第に挑んできたこれまでの時間、そして、これから先に待ち構える厳しい道が、丸ごと全部かけがえのないものに思える。

経営者は孤独だとよく言われるし、そのとおりだとも思うが、旗を振るのは私であっても、掲げた大義に賛同して力いっぱい応援してくれる片山さんや水野さんのような人や、大日本市メンバーをはじめとする志を同じくする工芸メーカー、そして今この時間もそれぞれの持ち場でミッション遂行に夢中になって取り組んでいる社員たちがついている。決して一人ではない。そのことに改めて気づかせてくれたのが、襲名披露式のために、遠く奈良までわざわざ駆けつけてくれた大勢の方の存在である。

月並みな言い方ではあるが、皆さんに支えられて今があると、これほど実感した年はなかった。三〇〇年という果てしもなく長い時間にわたって商い続けてきた奇跡と、地元奈良との幸せな邂逅に心から感謝をした。

しかし、いつまでも過去にとらわれていると判断が鈍るし、動きが遅くなる。これからは三〇〇年の重みはきれいさっぱり忘れて、また何ものにもとらわれず、自由に船を進めていくことにしよう。次の一〇〇年に向けて帆を揚げるときが来た。

【著者紹介】

**中川政七**（中川 淳）

株式会社中川政七商店 十三代代表取締役社長

1974年奈良県生まれ。京都大学法学部卒業後、2000年富士通入社。2002年に株式会社中川政七商店に入社し、2008年に代表取締役社長に就任。製造から小売まで、業界初のSPAモデルを構築。「遊中川」「中川政七商店」「日本市」など、工芸品をベースにした雑貨の自社ブランドを確立し、全国に約50店舗の直営店を展開している。また、2009年より業界特化型の経営コンサルティング事業を開始し、日本各地の企業・ブランドの経営再建に尽力している。2016年11月、同社創業300周年を機に十三代中川政七を襲名。2017年には全国の工芸産地の存続を目的に「産地の一番星」が集う日本工芸産地協会を発足させる。2015年に独自性のある戦略により高い収益性を維持している企業を表彰する「ポーター賞」、2016年に「日本イノベーター大賞」優秀賞を受賞。「カンブリア宮殿」や「SWITCHインタビュー 達人達」などテレビ出演のほか、経営者・デザイナー向けのセミナーや講演も多く行っている。著書に『奈良の小さな会社が表参道ヒルズに店を出すまでの道のり。』『経営とデザインの幸せな関係』（以上、日経BP社）、『小さな会社の生きる道。』（CCCメディアハウス）などがある。


日本の工芸を元気にする！

2017年3月9日発行

著　者――中川政七《なかがわまさしち》

発行者――山縣裕一郎

発行所――東洋経済新報社

〒103-8345　東京都中央区日本橋本石町 1-2-1

電話＝東洋経済コールセンター　03(5605)7021

http://toyokeizai.net/

装丁・本文デザイン…アルビレオ

D T P…………江口正文

編集協力………相澤　摂

印　刷…………ベクトル印刷

製　本…………ナショナル製本

編集担当………佐藤　敬



©2017 Nakagawa Masashichi



Printed in Japan　ISBN 978-4-492-50287-7



本書のコピー、スキャン、デジタル化等の無断複製は、著作権法上での例外である私的利用を除き禁じられています。本書を代行業者等の第三者に依頼してコピー、スキャンやデジタル化することは、たとえ個人や家庭内での利用であっても一切認められておりません。

落丁・乱丁本はお取替えいたします。